Datenschutz-Tools im Zeitalter der KI: Praktische Strategien mit VPNs, sicherem DNS, Privat-Relay und KI-gestützten Schutzmaßnahmen

ISBN 978-1970482034

Inhaltsverzeichnis

1 Einführung

Datenschutz und Online-Sicherheit sind im Zeitalter der künstlichen Intelligenz (KI) wichtiger denn je. In unserer vernetzten Welt können viele Aspekte unseres digitalen Lebens – Surfgewohnheiten, Standort, Geräteinformationen und sogar persönliche Daten – verfolgt oder missbraucht werden. Dieses Buch bietet **umfassende, praxisnahe Anleitungen** zum Schutz Ihrer Privatsphäre mithilfe moderner Tools. Wir behandeln alles von VPNs und verschlüsseltem DNS bis hin zur Browser-Härtung und den neuesten Plattformfunktionen (wie Apples iCloud Privat-Relay und KI-Datenschutzfunktionen). Schritt-für-Schritt-Anleitungen, Vergleichstabellen und Codebeispiele für grafische Oberflächen (GUI) sowie Kommandozeilen (CLI) unter Windows, macOS, Linux, Android und iOS helfen Ihnen, einen robusten Datenschutz-„Stack" aufzubauen und korrekt zu konfigurieren.

Warum digitale Privatsphäre wichtig ist: Jedes Mal, wenn Sie online gehen, kommuniziert Ihr Gerät mit Servern weltweit – jede Webanfrage, Anmeldung oder jeder Download hinterlässt Spuren. Internetanbieter (ISPs), Websites, Werbenetzwerke und sogar Cyberkriminelle können diese Aktivitäten protokollieren. Eine einfache DNS-Abfrage kann beispielsweise jede von Ihnen besuchte Website (IP-Adressen und Hostnamen) offenlegen. Ohne Schutz kann Ihr Browserverlauf protokolliert, analysiert oder verkauft werden. In einigen Regionen sind ISPs gesetzlich verpflichtet, Nutzungsprotokolle zu führen. Selbst bei sicheren, verschlüsselten Verbindungen können Metadaten wie Ziel-IP und Hostname Informationen preisgeben. Unser Ziel ist es,

die Preisgabe von Informationen zu minimieren. Wir verwenden Verschlüsselung (VPNs, TLS, verschlüsseltes DNS), um den Datenverkehr zu verbergen, Anonymisierungstools (z. B. Tor), um Ihre Identität zu verschleiern, sowie Geräte- und Browsereinstellungen, um Tracking zu reduzieren. Dieser mehrschichtige Sicherheitsansatz geht davon aus, dass kein einzelnes Tool perfekt ist, verbessert jedoch in Kombination Ihre Privatsphäre erheblich.

Bedrohungsmodell und Grundprinzipien: Wer könnte Sie beobachten? Es könnten Ihr Internetanbieter, große Technologieunternehmen, Regierungen oder Hacker sein. Jeder dieser Akteure verfügt über unterschiedliche Fähigkeiten (passive Überwachung, aktive Eingriffe, weitreichende rechtliche Befugnisse usw.). Wir gehen vom schlimmsten Fall aus: Angreifer könnten Ihren Internetverkehr abfangen oder eigene DNS-Server betreiben. Außerdem gehen wir davon aus, dass Sie einigen Anbietern (wie Cloudflare oder Apple) nur eingeschränkt vertrauen. Zu den wichtigsten Prinzipien gehören: *Verschlüsselung sämtlichen sensiblen Datenverkehrs, Vermeidung von Protokollierung, Minimierung der Datenerfassung* und *Trennung von Identität und Aktivitäten*. Ein VPN kann beispielsweise Ihre IP-Adresse gegenüber Websites verbergen, erfordert jedoch Vertrauen in den VPN-Anbieter, dass er Ihre Nutzung nicht protokolliert. Apples iCloud Privat-Relay versucht, das Vertrauen durch die Nutzung zweier Relays aufzuteilen (sodass keine einzelne Instanz sowohl Ihre Identität als auch Ihre Browseraktivitäten kennt). Wir werden viele solcher Kompromisse betrachten.

In diesem Buch verwenden wir durchgehend ein schrittweises Format. Wichtige Begriffe werden im jeweiligen Kontext eingeführt. Konfigurationen und Codebeispiele sind mit Codeblöcken gekennzeichnet, und Vergleichstabellen helfen, die verschiedenen Optionen zusammenzufassen. In Kapitel 2 beginnen wir mit den Grundlagen der Netzwerkprivatsphäre und den damit verbundenen Bedrohungen.

2 Grundlagen der Netzwerk-Privatsphäre und Bedrohungen

Datenschutz beginnt damit, zu verstehen, welche Daten Ihr Gerät sendet und was beobachtet oder protokolliert werden kann. Jede Internetanfrage beinhaltet DNS-Abfragen, Verbindungen zu IP-Adressen und das Senden von Datenpaketen, die unverschlüsselte Metadaten enthalten.

- **DNS und Sichtbarkeit:** Normalerweise sendet Ihr Gerät beim Eingeben einer Internetadresse eine DNS-Anfrage (oft im Klartext) an einen Resolver (in der Regel Ihren Internetanbieter oder einen öffentlichen DNS-Server). *Dadurch werden die genauen Domainnamen sichtbar, die Sie besuchen,* die ein Beobachter protokollieren kann. Ohne Schutzmaßnahmen kann ein Netzwerk-Lauschender jede Domain-Anfrage und die IP-Verbindungen Ihres Geräts einsehen.

- **IP-Adressverfolgung:** Ihre öffentliche IP-Adresse (von Ihrem Internetanbieter zugewiesen) verknüpft all Ihre Aktivitäten mit Ihrer Person. Sie kann Ihren ungefähren Standort und Ihren Internetanbieter preisgeben. Websites und Tracker protokollieren IP-Adressen häufig in ihren Zugriffsprotokollen. Wenn jemand Ihre IP-Adresse mit Ihrer Identität verknüpfen kann (z. B. über die Aufzeichnungen Ihres Internetanbieters), weiß er, welche Websites Sie besuchen.

- **Verkehrsmetadaten:** Selbst bei Verwendung von HTTPS, das Inhalte verschlüsselt, kann ein Beobachter sehen, *mit welchen IP-Adressen Sie sich verbinden* und *wann*. Die Inhalte selbst bleiben verborgen, aber Muster sind erkennbar (z. B. haben Sie 1.1.1.1 kontaktiert, was Cloudflare ist).

- **Geräte- und Anwendungs-Fingerprinting:** Browser und mobile Apps geben zahlreiche Details preis (User-Agent, installierte Schriftarten, Bildschirmgröße usw.), die Sie eindeutig identifizieren können (ein „Fingerabdruck"). Dies ermöglicht, sofern keine Gegenmaßnahmen ergriffen werden, eine Nachverfolgung über mehrere Sitzungen hinweg.

- **Geräteübergreifende Korrelation:** Die Verwendung desselben Logins oder Kontos auf verschiedenen Geräten bedeutet, dass ein Angreifer Ihre Aktivitäten auf Mobilgeräten, Desktop-Computern und anderen Geräten miteinander verknüpfen kann.

Wichtige Begriffe und Abkürzungen:

Nachfolgend finden Sie klare und prägnante Definitionen der wichtigsten Begriffe und Abkürzungen, die in diesem Buch vorkommen. Nutzen Sie diese Liste als schnelles Nachschlagewerk beim Lesen des restlichen Buches.

1. **DNS:** Domain Name System. Das „Telefonbuch" des Internets, das für Menschen benutzerfreundliche Domainnamen (wie z. B. example.com) in numerische IP-Adressen übersetzt, die Computer zur Weiterleitung des Datenverkehrs verwenden.

2. **DNS-Lookup:** Die eigentliche Anfrage, die Ihr Gerät an einen DNS-Resolver sendet und fragt: „Wie lautet die IP-Adresse für <Domänenname>?" Bei standardmäßigem

(unverschlüsseltem) DNS sind diese Abfragen für jeden sichtbar, der das Netzwerk beobachtet.

3. **IP-Adresse:** Internetprotokolladresse. Eine numerische Kennung, die einem Gerät oder Server in einem Netzwerk zugewiesen wird (z. B. 192.0.2.1). Eine öffentliche IP-Adresse gibt Ihren ungefähren Standort und Ihren Internetanbieter preis.

4. **ISP:** Internetdienstanbieter. Das Unternehmen (z. B. Ihr Festnetz- oder Mobilfunkanbieter), das Ihnen den Internetzugang bereitstellt. ISPs sehen üblicherweise unverschlüsselten Datenverkehr und DNS-Abfragen ihrer Kunden.

5. **Metadaten:** Daten über Daten. In der Netzwerktechnik umfassen Metadaten Informationen wie die IP-Adresse, mit der Sie sich verbunden haben, Zeitpunkt und Größe der Datenübertragungen sowie die abgefragten DNS-Namen.

6. **Verkehrsmetadaten:** Die Teilmenge der Metadaten, die durch Netzwerkaktivitäten erzeugt werden: Zeitstempel, Ziel-IPs, Paketgrößen, Verbindungsdauern und ähnliche beobachtbare Fakten, die Gewohnheiten oder Muster erkennen lassen, selbst wenn der Inhalt verschlüsselt ist.

7. **Geräte- und Anwendungs-Fingerprinting:** Eine Technik, die viele kleine Datenpunkte (Browserversion, Schriftarten, Bildschirmgröße, installierte Plugins usw.) sammelt, um einen einzigartigen „Fingerabdruck" zu erstellen, der ein Gerät über Sitzungen und Websites hinweg identifizieren oder verfolgen kann.

8. **Geräteübergreifende Korrelation:** Verknüpfung von Aktivitäten mehrerer Geräte (z. B. Telefon, Laptop, Tablet) mit einer einzelnen Person oder einem Konto, in der Regel durch gemeinsame Anmeldedaten, IP-Adressen oder andere Signale – wodurch die Verfolgung über verschiedene Kontexte hinweg ermöglicht wird.

9. **Bedrohungsmodell:** Eine Beschreibung dessen, gegen wen oder was Sie sich verteidigen und welche Möglichkeiten die Bedrohungen haben. Beispiele: lokale WLAN-Lauschende, Ihr Internetanbieter, schädliche Websites, staatliche Akteure. Ein Bedrohungsmodell gibt Aufschluss darüber, welche Schutzmaßnahmen erforderlich sind.

10. **Ende-zu-Ende-Verschlüsselung (E2EE):** Ein Sicherheitsmodell, bei dem nur die kommunizierenden Endpunkte (Sender und Empfänger) den Nachrichteninhalt lesen können. Dritte (einschließlich Dienstanbieter) können den Inhalt nicht entschlüsseln. Üblich bei sicheren Messaging-Diensten (z. B. Signal).

11. **Netzwerkverschlüsselung:** Verschlüsselung, die den Datenverkehr während der Übertragung durch Netzwerke schützt (z. B. VPN-Tunnel, TLS für HTTPS). Sie verhindert, dass Dritte den Paketinhalt lesen können, obwohl je nach Konfiguration einige Metadaten (wie IP-Adressen) weiterhin sichtbar sein können.

12. **VPN:** Virtuelles privates Netzwerk. Ein Dienst oder eine Technologie, die einen verschlüsselten „Tunnel" zwischen Ihrem Gerät und einem VPN-Server herstellt. Dadurch wird Ihre echte IP-Adresse vor Zielseiten verborgen und

es wird verhindert, dass lokale Beobachter (wie öffentliche WLAN-Netze oder Internetanbieter) den Inhalt oder die Ziele Ihres Datenverkehrs einsehen können.

13. **Tunnel:** Umgangssprachlich eine verschlüsselte Verbindung (z. B. ein VPN-Tunnel), die Ihren Netzwerkverkehr kapselt und schützt, während er ein nicht vertrauenswürdiges Netzwerk durchläuft.

14. **Verschlüsseltes DNS:** Jede DNS-Methode, die verhindert, dass Klartextabfragen im Netzwerk eingesehen werden können. Gängige Ansätze für verschlüsseltes DNS sind DoH (DNS über HTTPS), DoT (DNS über TLS) und DNSCrypt.

15. **DoH:** DNS over HTTPS. DNS-Anfragen werden innerhalb des normalen HTTPS-Datenverkehrs (Port 443) gesendet, wodurch sie vor passiven Beobachtern und oft auch vor zensierenden Zwischenstellen verborgen bleiben.

16. **DoT:** DNS over TLS. DNS-Anfragen werden mit TLS verschlüsselt (typischerweise Port 853). Androids „Privates DNS" verwendet DoT.

17. **DNSCrypt:** Ein Protokoll (und eine Reihe von Implementierungen), das den DNS-Verkehr zwischen Client und Resolver signiert und verschlüsselt. Tools wie `dnscrypt-proxy` implementieren dies.

18. **Tor:** Der Onion Router. Ein von Freiwilligen betriebenes Netzwerk, das den Datenverkehr über mehrere Server (üblicherweise drei) leitet, um starke Anonymität zu gewährleisten. Tor verbirgt die Ursprungs-IP-Adresse vor dem Zielserver und erschwert die Korrelation des Datenverkehrs erheblich, ist aber langsamer als VPNs.

19. **Anonymisierung:** Techniken zur Reduzierung oder Entfernung identifizierender Informationen, sodass Handlungen nicht mit einer bestimmten Person in Verbindung gebracht werden können. Tor ist ein Anonymisierungstool; andere Ansätze (Mix-Netzwerke, Proxys) verfolgen ähnliche Ziele, jedoch mit unterschiedlichen Vor- und Nachteilen.

20. **Split-Trust/Split-Trust-Dienst:** Ein Designansatz, der das Wissen auf mehrere Parteien verteilt, sodass keine einzelne Partei Ihre Identität vollständig mit Ihren Aktivitäten verknüpfen kann. (Beispiel: Apples iCloud Privat-Relay verwendet zwei verschiedene Relays, sodass keines von beiden sowohl Ihre Identität als auch Ihre besuchten Webseiten einsehen kann.)

21. **Firewall:** Ein System (Software oder Hardware), das Regeln für die Zulassung und Blockierung von Netzwerkverbindungen durchsetzt. Firewalls können beispielsweise als VPN-„Kill-Switch" (Blockierung des Datenverkehrs bei Ausfall der VPN-Verbindung) oder zur Einschränkung des ein- und ausgehenden Zugriffs eingesetzt werden.

22. **NAT:** Netzwerkadressübersetzung. Eine Technik, die Router verwenden, um mehreren Geräten die gemeinsame Nutzung einer einzigen öffentlichen IP-Adresse zu ermöglichen. NAT verbirgt interne (private) IP-Adressen vor dem Internet, jedoch kann der Datenverkehr, der von Ihrem Netzwerk ausgeht, weiterhin die öffentliche IP-Adresse des Routers offenlegen.

Wir erstellen **Bedrohungsmodelle**, um zu entscheiden, wogegen wir uns verteidigen. Wenn Sie beispielsweise das Ausspähen Ihres lokalen Netzwerks in öffentlichen WLANs verhindern möchten, ist ein VPN oder Tor unerlässlich. Wenn Sie befürchten, dass Websites Ihren Standort und Ihr Surfverhalten ermitteln, hilft ein VPN oder der iCloud-Privat-Relay-Dienst dabei, Ihre IP-Adresse zu verbergen. Browser-Erweiterungen gegen Tracking können zudem verhindern, dass Werbenetzwerke mit Cookies Profit erzielen. Es gibt jedoch Vor- und Nachteile: Tor bietet starke Anonymität, geht aber auf Kosten der Geschwindigkeit; VPNs sind schneller, erfordern jedoch Vertrauen in den Anbieter. Unser Ansatz kombiniert mehrere Schutzebenen: DNS-Verschlüsselung (damit Ihr Internetanbieter Ihre Anfragen nicht einsehen kann), VPN/Relay zur IP-Verbergung und Browser-Härtung zur Reduzierung der Fingerabdrücke.

Datenschutz vs. Sicherheit: Obwohl miteinander verwandt, sind sie nicht dasselbe. Sicherheit schützt Daten vor unbefugtem Zugriff oder Veränderung (Vertraulichkeit, Integrität), häufig durch Verschlüsselung (z. B. HTTPS, VPN). Datenschutz hingegen bedeutet, zu kontrollieren, welche persönlichen Daten erfasst werden, wie sie verwendet werden und wer Aktionen mit Ihnen in Verbindung bringen kann. Dieser Leitfaden betont beides: die Verwendung von Verschlüsselung zur Sicherung des Übertragungskanals sowie die Wahl von Tools und Richtlinien, die die Datenerfassung und -weitergabe minimieren (z. B. „No-Logs"-Richtlinien für VPNs oder DNS).

Schlüsselkonzepte:

- **Ende-zu-Ende-Verschlüsselung** schützt Inhalte (z. B. HTTPS, Signal).

- **Netzwerkverschlüsselung** (VPN, Tor) verbirgt Ihren Datenverkehr vor lokalen Beobachtern.

- **Anonymisierung** (Tor, Tor Browser) sorgt über Relays für Anti-Korrelation.

- **Split-Trust-Dienste** wie iCloud Privat-Relay trennen die Datenflüsse.

- **Verschlüsseltes DNS** (DoH/DoT/DNSCrypt) verhindert DNS-Snooping.

- **Firewall/NAT** verbirgt normalerweise Ihr internes Netzwerk, doch ausgehende Anfragen können weiterhin Informationen preisgeben.

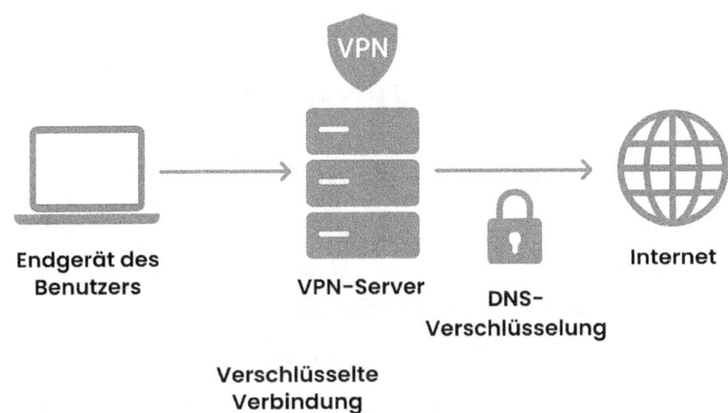

Die obige Abbildung zeigt typische Datenschutztools im Einsatz. Ein VPN (oder Privat-Relay) schützt Ihre IP-Adresse und verschlüsselt den Datenverkehr, während verschlüsseltes DNS Ihre DNS-Anfragen vor neugierigen Blicken verbirgt.

3 Virtuelle Private Netzwerke (VPNs)

Ein virtuelles privates Netzwerk (VPN) erstellt einen verschlüsselten Tunnel zwischen Ihrem Gerät und einem VPN-Server und verbirgt so Ihren Datenverkehr vor lokalen Beobachtern. Dadurch sieht Ihr Internetanbieter (ISP) nur die verschlüsselte Verbindung zum VPN, nicht die endgültigen Ziele, die Sie besuchen. Webseiten sehen die IP-Adresse des VPN-Servers anstelle Ihrer eigenen, wodurch Ihre Identität und Ihr Standort geschützt werden. Kurz gesagt: Ein VPN verlagert das Vertrauen vom Internetanbieter auf den VPN-Anbieter.

3.1 Überblick über VPN-Protokolle

VPN-Tools verwenden verschiedene Protokolle (Tunneling-Technologien), um den Datenverkehr zu sichern. Die wichtigsten Protokolle sind heute **OpenVPN** (https://openvpn.net), **WireGuard** (https://wireguard.com) und **IKEv2/IPsec**. Ältere Protokolle wie **L2TP/IPsec**, **SSTP** und **PPTP** existieren zwar noch, gelten aber allgemein als veraltet (insbesondere PPTP ist extrem unsicher).

Hier ein kurzer Vergleich:

Protokoll	Sicherheit & Verschlüsselung	Geschwindigkeit & Leistung
OpenVPN	Nutzt OpenSSL (typischerweise AES-256),	Mittel (UDP schneller als TCP)

Protokoll	Sicherheit & Verschlüsselung	Geschwindigkeit & Leistung
WireGuard	TCP/UDP-Transport. Sehr sicher und Open Source. Moderne Kryptografie (ChaCha20, Poly1305), kleine Codebasis. Open Source. Nur UDP.	Hoch (sehr schnell)
IKEv2/IPsec	Stark (IPsec), extrem stabile Schlüsselneu-verschlüsselung. Unterstützt MOBIKE bei Netzwerk-änderungen.	Hoch
L2TP/IPsec	Einzelprotokoll schwach (L2TP ohne Verschlüsselung); in Kombination mit IPsec stark.	Mittel
SSTP	Stark (SSL/TLS-basiert, AES-256).	Mittel
PPTP	**Sehr schwach** (MSMPPE mit fehlerhaftem MS-CHAP v1/v2).	Mittel

Protokoll	Sicherheit & Verschlüsselung	Geschwindigkeit & Leistung
Andere (proprietär)	Beispiele: NordLynx (WireGuard-Variante), Lightway (ExpressVPN, basierend auf WireGuard).	Variiert

Protokoll	Beste Anwendungs-fälle	Hinweise
OpenVPN	Universell einsetzbar, weit verbreitet unterstützt, selbst konfigurier-bare Verbindungen	Sehr ausgereift; von der Community geschätzt; kann aufgrund des Overheads langsamer sein.
WireGuard	Hohe Anforderungen (Streaming, Gaming, P2P)	Ressourcen-schonend; erfordert Speicherung der letzten IP-Adresse auf dem Server (vermindert durch RAM-only-Server).
IKEv2/IPsec	Mobile Geräte (Roaming-Netzwerke)	Sehr schnelle Wieder-verbindung; Open-Source-Implementierungen; proprietärer Ursprung (Cisco/Microsoft).

Protokoll	Beste Anwendungs-fälle	Hinweise
L2TP/IPsec	Unterstützung älterer Technologien, Site-to-Site-Verbindungen	Weitgehend veraltet; ersetzt durch IKEv2/IPsec.
SSTP	Windows-Fallback	Windows-nativ, verwendet TCP 443; proprietär (Microsoft).
PPTP	Keine (nur ältere Systeme)	Nicht empfohlen. Sehr schwache Verschlüsselung.
Andere (proprietär)	Anbieter-spezifische Funktionen	Oft marketing-orientiert; ähnliche Sicherheit wie das Basisprotokoll.

Aus Datenschutzgründen sollten Sie PPTP und L2TP für öffentliche Verbindungen vermeiden. WireGuard und OpenVPN sind aufgrund starker Verschlüsselung und Transparenz (Open Source) generell zu bevorzugen. IKEv2 ist sehr schnell, bietet starke Verschlüsselung und eignet sich optimal für nahtlose Verbindungen auf Mobilgeräten.

OpenVPN gibt es seit etwa 25 Jahren und gilt als sehr sicher. Es unterstützt AES-256 mit OpenSSL und kann über TCP oder UDP betrieben werden. Der UDP-Modus ist schneller (keine Bestätigungen), dafür aber weniger stabil; TCP ist langsamer, kann dafür aber viele Firewalls passieren. Die

Beispiele zur Client-Einrichtung in Abschnitt 3.6 verwenden den offiziellen OpenVPN Connect-Client für Windows, Android und iOS sowie Tunnelblick für macOS.

WireGuard (veröffentlicht 2016) ist auf schlanke und schnelle Verbindungen ausgelegt. Mit einer kleinen Codebasis (~4000 Zeilen im Vergleich zu über 70 000 Zeilen bei OpenVPN) wird die Angriffsfläche reduziert. Es verwendet eine moderne Kryptografie-Suite (Curve25519 usw.) und erreicht höhere Durchsatzraten. Nachteil: Kurzzeitige IP-Adressen werden systembedingt für die Verbindung im Speicher gehalten. Das bedeutet, dass Serverprotokolle Ihre IP-Adresse theoretisch nachverfolgen könnten. Viele datenschutzorientierte Dienste umgehen dies durch RAM-basierte Server, die automatisch neu starten und Protokolle löschen. In der Praxis machen WireGuards Geschwindigkeitsvorteile (oft ~50 % schneller als OpenVPN) und die einfache Konfiguration (einfache Schlüssel) es zu einer ausgezeichneten Wahl. Offizielle WireGuard-Clients sind für Windows, macOS, Android und iOS verfügbar; unter Linux verwenden wir `wg-quick`.

IKEv2/IPsec ist oft in Geräten integriert. Es ist robust und schnell, insbesondere auf Mobilgeräten: Unterbrochene Verbindungen (beim Wechsel von WLAN zu Mobilfunk) können automatisch mit minimaler Unterbrechung wiederhergestellt werden. Es nutzt eine Kombination aus dem IKEv2-Protokoll und IPsec-Verschlüsselung. IKEv2/IPsec ist ursprünglich proprietär, der Standard selbst wird jedoch weit verbreitet implementiert und ist Open Source (z. B. Libreswan, strongSwan).

Veraltete Protokolle: SSTP (Microsofts SSL-basierter Tunnel) ist nur unter Windows verfügbar und funktioniert, wird aber nicht breit unterstützt. Von PPTP wird dringend abgeraten: Es wurde von Regierungsbehörden und anderen Stellen kompromittiert. Wenn Sie irgendwo „PPTP" sehen, vermeiden Sie dessen Nutzung. L2TP/IPsec (L2TP über IPsec) ist besser als PPTP, kann jedoch in manchen Netzwerken blockiert werden; verwenden Sie stattdessen IKEv2/IPsec.

3.2 VPN-Vergleichstabelle

Protokoll	Verschlüsselung	Anwendungsfall
OpenVPN (UDP/TCP)	AES-256 (OpenSSL), TLS 1.2/1.3	Allgemeiner Einsatz; wenn Kompatibilität und Sicherheit erforderlich sind
WireGuard	ChaCha20, Poly1305 (moderne Suite)	Hohe Geschwindigkeits-anforderungen (Streaming, Gaming, P2P)
IKEv2/IPsec	IPsec (AES-256), IKEv2-Schlüssel-austausch	Mobile Geräte unterwegs (VPN bleibt netzwerk-übergreifend aktiv)
L2TP/IPsec	256-Bit-IPsec, L2TP verursacht zusätzlichen Overhead	Heute weniger verbreitet; ältere Setups

Protokoll	Verschlüsselung	Anwendungsfall
SSTP	SSL/TLS (AES-256)	Windows-Alternative, falls OpenVPN ausfällt
PPTP	MPPE (schwache RC4)	Keine (vermeiden)

Protokoll	Stärken	Schwächen
OpenVPN (UDP/TCP)	Bewährt sicher, Open Source, konfigurierbar (UDP/TCP)	Höherer Overhead (langsamer als WireGuard), komplexe Konfiguration
WireGuard	Einfach, sehr schnell, kleine Codebasis	Server speichert IP-Adresse nur kurz (mit RAM-only-Servern mindern)
IKEv2/IPsec	Schnelle Wiederverbindung (ideal für Roaming), weit verbreitete Unterstützung	Feste Ports (UDP 500/4500) können gefiltert werden
L2TP/IPsec	Abwärtskompatibilität auf vielen Geräten	Oft von Firewalls blockiert; zusätzlicher Overhead
SSTP	Funktioniert unter Windows über TCP 443 (schwer zu blockieren)	Nur für Windows, langsamer (TCP), proprietär

Protokoll	Stärken	Schwächen
PPTP	Schnell durch minimale Verschlüsselung	Fehlerhaft; nicht empfohlen

3.3 Auswahl eines VPN-Dienstes

Für fortgeschrittene Nutzer kann der Aufbau eines eigenen VPNs eine effektive Methode sein, die Online-Privatsphäre und -Sicherheit zu verbessern. Weitere Informationen finden Sie im nächsten Abschnitt. Andere wiederum finden es möglicherweise einfacher, ein VPN-Abonnement zu nutzen. Beachten Sie bei der Auswahl eines VPN-Dienstes die folgenden wichtigen Kriterien:

- **Keine Protokollierung:** Ihr Anbieter sollte Ihre Browseraktivitäten nicht aufzeichnen. Achten Sie auf geprüfte Richtlinien. Einige Anbieter, wie Cloudflare WARP oder Mullvad (DNS/VPN), geben ausdrücklich an, dass keine Protokolle gespeichert werden.

- **Gerichtsbarkeit:** Unternehmen in bestimmten Ländern können zur Herausgabe von Daten verpflichtet sein. Beispielsweise muss ein in den USA ansässiger VPN-Anbieter Vorladungen Folge leisten, obwohl bei einer strikten No-Logs-Richtlinie möglicherweise keine Daten herausgegeben werden müssen.

- **Leistung und Serverstandorte:** Mehr Server weltweit bedeuten höhere Geschwindigkeiten und mehr Standortoptionen.

- **Multiplattform-Unterstützung:** GUI-Apps für Windows, macOS, Android und iOS sowie manuelle Konfiguration für Router oder Linux.

- **Kill-Switch:** Möglichkeit, den gesamten Netzwerkverkehr zu blockieren, wenn die VPN-Verbindung abbricht, um ungeschützte Datenlecks zu verhindern.

- **Angebotene Protokolle:** Mindestens OpenVPN und WireGuard oder IKEv2.

- **Zusätzliche Funktionen:** Split-Tunneling, Double-Hop (Multi-Hop)-Server, integrierte Werbeblocker usw.

Wir sprechen hier keine Empfehlungen für bestimmte Dienste aus, aber diese Richtlinien helfen Ihnen bei der Auswahl. In den nächsten Abschnitten zeigen wir, wie Sie Ihren eigenen VPN-Server einrichten und VPN-Clients auf Ihren Geräten konfigurieren.

3.4 Eigenen VPN-Server erstellen

Der Aufbau eines eigenen VPNs kann eine effektive Methode sein, um die Online-Privatsphäre und -Sicherheit zu verbessern und gleichzeitig Flexibilität und Kosteneffizienz zu bieten. Mit den richtigen Ressourcen und Anleitungen kann dies eine wertvolle Investition in Ihre Online-Sicherheit sein.

In diesem Abschnitt erfahren Sie, wie Sie einen eigenen VPN-Server mit WireGuard, OpenVPN und/oder IPsec VPN mit IKEv2 einrichten. Dies ist nur für **fortgeschrittene Nutzer** geeignet. Wenn Sie stattdessen lieber einen VPN-Dienst abonnieren möchten, überspringen Sie diesen Abschnitt und fahren Sie mit Abschnitt 3.5 WireGuard-VPN-Clients konfigurieren fort.

Für eine ausführlichere Beschreibung des Aufbaus eines eigenen VPNs besuchen Sie bitte meine anderen Bücher unter https://amazon.com/author/linsong.

3.4.1 Cloud-Server erstellen

Um ein eigenes VPN einzurichten, benötigen Sie zunächst einen Cloud-Server oder virtuellen privaten Server (VPS). Zu Ihrer Orientierung sind hier einige beliebte Serveranbieter:

- DigitalOcean (https://www.digitalocean.com)
- Vultr (https://www.vultr.com)
- Linode (https://www.linode.com)
- OVH (https://www.ovhcloud.com/en/vps/)

Wählen Sie zunächst einen Serveranbieter aus. Folgen Sie anschließend den Beispielschritten in diesem Abschnitt, um loszulegen. Beim Erstellen Ihres Servers wird empfohlen, das neueste Ubuntu Linux LTS oder Debian Linux (zum Zeitpunkt des Schreibens Ubuntu 24.04 oder Debian 13) als Betriebssystem mit 1 GB oder mehr RAM auszuwählen.

Fortgeschrittene Nutzer können den VPN-Server auch auf einem Raspberry Pi (https://raspberrypi.com) einrichten. Melden Sie sich zunächst bei Ihrem Raspberry Pi an und öffnen Sie das Terminal. Folgen Sie anschließend den Anweisungen in diesem Kapitel, um OpenVPN, WireGuard und/oder IPsec VPN mit IKEv2 zu installieren. Vor der Verbindung müssen Sie möglicherweise Ports Ihres Routers an die lokale IP-Adresse des Raspberry Pi weiterleiten. Die Standardports für die einzelnen VPN-Typen finden Sie in den folgenden Abschnitten.

Beispiel: Erstellen Sie einen Server auf DigitalOcean

1. Erstellen Sie ein DigitalOcean-Konto: Gehen Sie auf die DigitalOcean-Website (https://www.digitalocean.com) und erstellen Sie ein Konto, falls Sie dies noch nicht getan haben.

2. Sobald Sie beim DigitalOcean-Dashboard angemeldet sind, klicken Sie oben rechts auf dem Bildschirm auf die Schaltfläche „Create" und wählen Sie „Droplets" aus dem Dropdown-Menü.

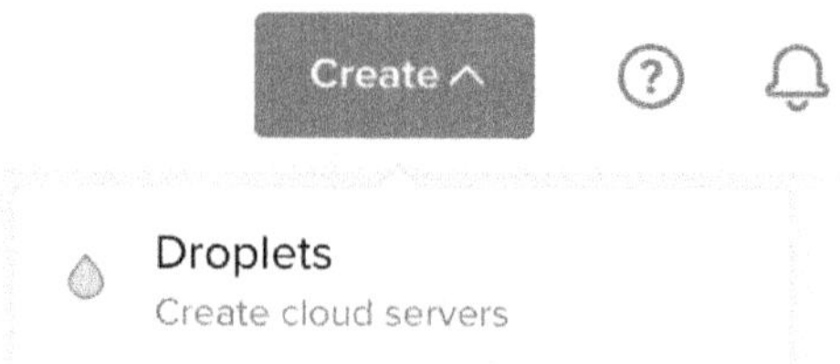

3. Wählen Sie eine Rechenzentrumsregion basierend auf Ihren Anforderungen aus, z. B. die Region, die Ihrem Standort am nächsten ist.

4. Wählen Sie unter „Choose an image" die neueste Ubuntu Linux LTS-Version (z. B. Ubuntu 24.04) aus der Liste der verfügbaren Bilder aus.

5. Wählen Sie einen Plan für Ihren Server. Sie können je nach Ihren Anforderungen aus verschiedenen Optionen auswählen. Für ein persönliches VPN reicht wahrscheinlich ein einfacher Shared-CPU-Plan mit normaler SSD-Festplatte und 1 GB Arbeitsspeicher aus.

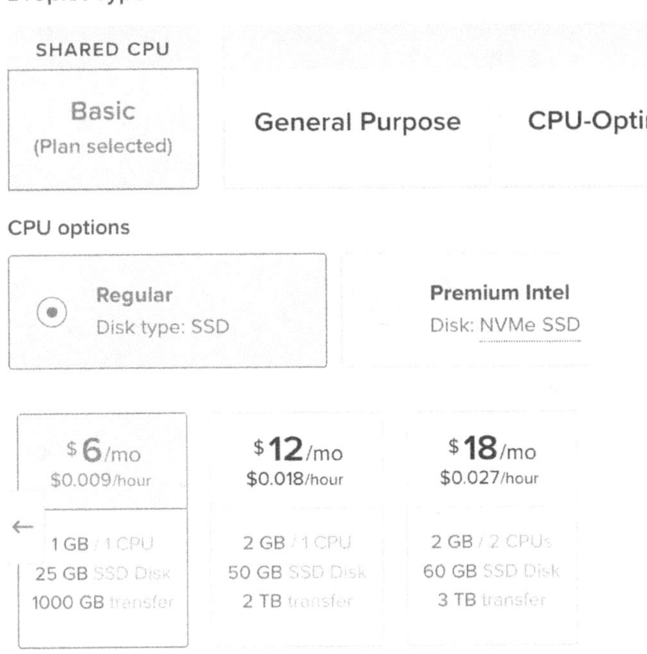

6. Wählen Sie „Password" als Authentifizierungsmethode und geben Sie dann ein starkes und sicheres Root-Passwort ein. Für die Sicherheit Ihres Servers ist es wichtig, dass Sie ein starkes und sicheres Root-Passwort wählen. Alternativ können Sie SSH-Schlüssel zur Authentifizierung verwenden.

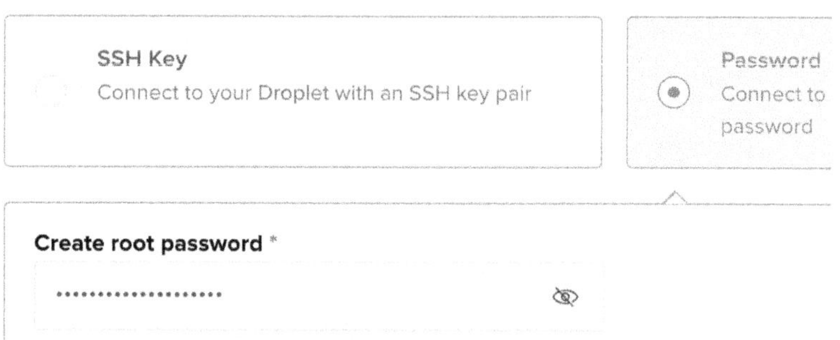

7. Wählen Sie bei Bedarf zusätzliche Optionen wie Backups und IPv6 aus.

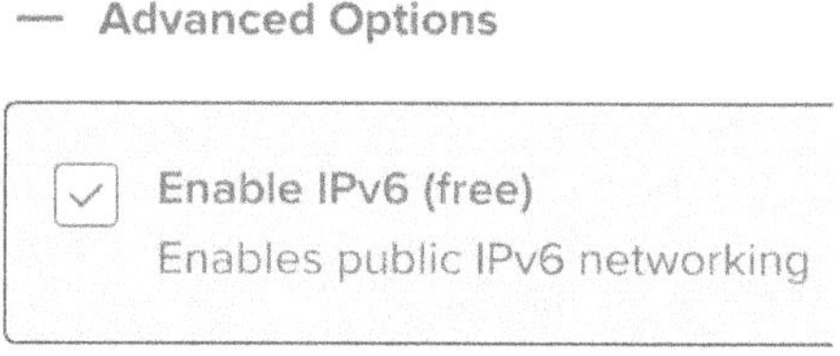

8. Geben Sie einen Hostnamen für Ihren Server ein und klicken Sie auf „Create Droplet".

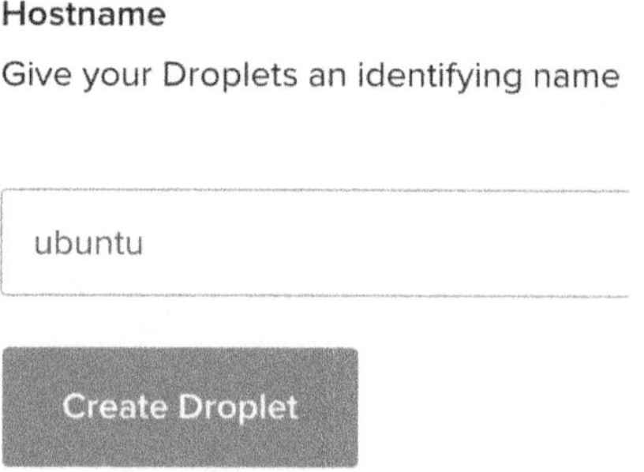

9. Warten Sie einige Minuten, bis der Server erstellt wurde.

Sobald Ihr Server einsatzbereit ist, können Sie sich per SSH mit dem Benutzernamen `root` und dem bei der Erstellung des Servers festgelegten Passwort verbinden.

3.4.2 Verbindung zum Server per SSH herstellen

Sobald Ihr Cloud-Server erstellt wurde, können Sie per SSH darauf zugreifen. Sie können das Terminal auf Ihrem lokalen Computer oder ein Tool wie Git für Windows verwenden, um über seine IP-Adresse und Ihre Root-Anmeldeinformationen eine Verbindung zu Ihrem Server herzustellen.

Um per SSH von Windows, macOS oder Linux aus eine Verbindung zu Ihrem Server herzustellen, folgen Sie diesen Schritten:

1. Öffnen Sie das Terminal auf Ihrem Computer. Unter Windows können Sie einen Terminalemulator wie Git für Windows verwenden.

   Git für Windows: https://git-scm.com/downloads
   Laden Sie die portable Version herunter und doppelklicken Sie dann, um sie zu installieren. Wenn Sie fertig sind, öffnen Sie den Ordner ‚PortableGit‘ und doppelklicken Sie, um ‚git-bash.exe‘ auszuführen.

2. Geben Sie den folgenden Befehl ein und ersetzen Sie dabei ‚username‘ durch Ihren Benutzernamen (z. B. ‚root‘) und ‚server-ip‘ durch die IP-Adresse oder den Hostnamen Ihres Servers:

```
ssh username@server-ip
```

3. Wenn Sie sich zum ersten Mal mit dem Server verbinden, werden Sie möglicherweise aufgefordert, den SSH-Schlüsselfingerabdruck des Servers zu akzeptieren. Geben Sie „yes" ein und drücken Sie die Eingabetaste, um fortzufahren.

4. Wenn Sie sich mit einem Passwort anmelden, werden Sie aufgefordert, Ihr Passwort einzugeben. Geben Sie Ihr Passwort ein und drücken Sie die Eingabetaste.

5. Wenn Sie sich zum ersten Mal mit dem Server verbinden und aufgefordert werden, das Root-Passwort zu ändern, geben Sie ein starkes und sicheres neues Passwort ein. Andernfalls überspringen Sie diesen Schritt. Für die Sicherheit Ihres Servers ist es wichtig, dass Sie ein starkes und sicheres Root-Passwort wählen.

6. Sobald Sie authentifiziert sind, werden Sie über SSH beim Server angemeldet. Sie können jetzt Befehle auf dem Server über das Terminal ausführen.

7. Um die Verbindung zum Server zu trennen, geben Sie einfach den Befehl ‚exit' ein und drücken Sie die Eingabetaste.

3.4.3 Aktualisieren Sie den Server

Nachdem Sie sich per SSH mit dem Server verbunden haben, können Sie ihn aktualisieren, indem Sie die folgenden Befehle ausführen und neu starten. Dies ist optional, wird aber empfohlen.

```
sudo apt update && sudo apt -y upgrade
sudo reboot
```

Die bewährten Sicherheitspraktiken für Linux-Server empfehlen, das Betriebssystem Ihres Servers regelmäßig zu aktualisieren, um es mit den neuesten Sicherheitspatches und -updates auf dem neuesten Stand zu halten.

3.4.4 Installieren Sie WireGuard

GitHub: https://github.com/hwdsl2/wireguard-install

Stellen Sie zunächst per SSH eine Verbindung zu Ihrem Server her.

Laden Sie das WireGuard-Installationsskript herunter:

```
wget https://get.vpnsetup.net/wg -O wg.sh
```

Option 1: Automatische Installation von WireGuard mit Standardoptionen.

```
sudo bash wg.sh --auto
```

Für Server mit einer externen Firewall (z. B. Amazon EC2) öffnen Sie UDP-Port 51820 für das VPN.

Beispielausgabe:

```
$ sudo bash wg.sh --auto

WireGuard Script
https://github.com/hwdsl2/wireguard-install

Starting WireGuard setup using default options.

Server IP: 192.0.2.1
Port: UDP/51820
```

```
Client name: client
Client DNS: Google Public DNS

Installing WireGuard, please wait...
+ apt-get -yqq update
+ apt-get -yqq install wireguard qrencode
+ systemctl enable --now wg-iptables.service
+ systemctl enable --now wg-quick@wg0.service


 --------------------------------------

| QR-Code zur Client-Konfiguration |

 --------------------------------------

↑  That  is  a  QR  code  containing  the  client
configuration.


Finished!


The    client    configuration    is    available    in:
/root/client.conf
New  clients  can  be  added  by  running  this  script
again.
```

Nach der Einrichtung können Sie das Skript erneut ausführen, um Benutzer zu verwalten oder WireGuard zu deinstallieren.

Nächste Schritte: Lassen Sie Ihren Computer oder Ihr Gerät das VPN verwenden. Siehe:

3.5 WireGuard-VPN-Clients konfigurieren

Genießen Sie Ihr ganz persönliches VPN!

Option 2: Interaktive Installation mit benutzerdefinierten Optionen.

```
sudo bash wg.sh
```

Sie können die folgenden Optionen anpassen: DNS-Name des VPN-Servers, UDP-Port, DNS-Server für VPN-Clients und Name des ersten Clients.

Beispielschritte (durch Ihre eigenen Werte ersetzen):

Hinweis: Diese Optionen können sich in neueren Versionen des Skripts ändern. Lesen Sie sie sorgfältig durch, bevor Sie die gewünschte Option auswählen.

```
$ sudo bash wg.sh


Welcome to this WireGuard server installer!
GitHub: https://github.com/hwdsl2/wireguard-install


I need to ask you a few questions before starting
setup. You can use the default options and just press
enter if you are OK with them.
```

Geben Sie den DNS-Namen des VPN-Servers ein:

```
Do you want WireGuard VPN clients to connect to this
server using a DNS name, e.g. vpn.example.com,
instead of its IP address? [y/N] y


Enter the DNS name of this VPN server:
vpn.example.com
```

Wählen Sie einen UDP-Port für WireGuard:

```
Which port should WireGuard listen to?
Port [51820]:
```

Geben Sie einen Namen für den ersten Client ein:

```
Enter a name for the first client:
Name [client]:
```

DNS-Server auswählen:

```
Select a DNS server for the client:
   1) Current system resolvers
   2) Google Public DNS
   3) Cloudflare DNS
   4) OpenDNS
   5) Quad9
   6) AdGuard DNS
   7) Custom
DNS server [2]:
```

Bestätigen und starten Sie die WireGuard-Installation:

```
WireGuard installation is ready to begin.
Do you want to continue? [Y/n]
```

Fortgeschrittene Benutzer können WireGuard auch automatisch mit benutzerdefinierten Optionen installieren. Für weitere Details führen Sie Folgendes aus:

```
sudo bash wg.sh -h
```

Nach der Einrichtung können Sie das Skript erneut ausführen, um Benutzer zu verwalten oder WireGuard zu deinstallieren.

Nächste Schritte: Lassen Sie Ihren Computer oder Ihr Gerät das VPN verwenden. Siehe:

3.5 WireGuard-VPN-Clients konfigurieren

Genießen Sie Ihr ganz persönliches VPN!

3.4.5 Installieren Sie OpenVPN

GitHub: https://github.com/hwdsl2/openvpn-install

Stellen Sie zunächst per SSH eine Verbindung zu Ihrem Server her.

Laden Sie das OpenVPN-Installationsskript herunter:

```
wget https://get.vpnsetup.net/ovpn -O ovpn.sh
```

Option 1: Automatische Installation von OpenVPN mit Standardoptionen.

```
sudo bash ovpn.sh --auto
```

Für Server mit einer externen Firewall (z. B. Amazon EC2) öffnen Sie UDP-Port 1194 für das VPN.

Beispielausgabe:

```
$ sudo bash ovpn.sh --auto

OpenVPN Script
https://github.com/hwdsl2/openvpn-install

Starting OpenVPN setup using default options.

Server IP: 192.0.2.1
Port: UDP/1194
Client name: client
Client DNS: Google Public DNS

Installing OpenVPN, please wait...
+ apt-get -yqq update
+ apt-get -yqq --no-install-recommends install \
```

```
  openvpn
+ apt-get -yqq install openssl ca-certificates
+ ./easyrsa --batch init-pki
+ ./easyrsa --batch build-ca nopass
+ ./easyrsa --batch --days=3650 build-server-full \
  server nopass
+ ./easyrsa --batch --days=3650 build-client-full \
  client nopass
+ ./easyrsa --batch --days=3650 gen-crl
+ openvpn --genkey --secret \
  /etc/openvpn/server/tc.key
+ systemctl enable --now openvpn-iptables.service
+ systemctl enable --now \
  openvpn-server@server.service

Finished!


The   client   configuration   is   available   in:
/root/client.ovpn
New clients can be added by running this script
again.
```

Nach der Einrichtung können Sie das Skript erneut ausführen, um Benutzer zu verwalten oder OpenVPN zu deinstallieren.

Nächste Schritte: Lassen Sie Ihren Computer oder Ihr Gerät das VPN verwenden. Siehe:

3.6 OpenVPN-Clients konfigurieren

Genießen Sie Ihr ganz persönliches VPN!

Option 2: Interaktive Installation mit benutzerdefinierten Optionen.

```
sudo bash ovpn.sh
```

Sie können die folgenden Optionen anpassen: DNS-Name des VPN-Servers, Protokoll (TCP/UDP) und Port, DNS-Server für VPN-Clients und Name des ersten Clients.

Beispielschritte (durch Ihre eigenen Werte ersetzen):

Hinweis: Diese Optionen können sich in neueren Versionen des Skripts ändern. Lesen Sie sie sorgfältig durch, bevor Sie die gewünschte Option auswählen.

```
$ sudo bash ovpn.sh


Welcome to this OpenVPN server installer!
GitHub: https://github.com/hwdsl2/openvpn-install


I need to ask you a few questions before starting
setup. You can use the default options and just press
enter if you are OK with them.
```

Geben Sie den DNS-Namen des VPN-Servers ein:

```
Do you want OpenVPN clients to connect to this server
using a DNS name, e.g. vpn.example.com, instead of
its IP address? [y/N] y


Enter    the    DNS    name    of    this    VPN    server:
vpn.example.com
```

Wählen Sie Protokoll und Port für OpenVPN:

```
Which protocol should OpenVPN use?
   1) UDP (recommended)
   2) TCP
Protocol [1]:
```

```
Which port should OpenVPN listen to?
Port [1194]:
```

DNS-Server auswählen:

```
Select a DNS server for the clients:
   1) Current system resolvers
   2) Google Public DNS
   3) Cloudflare DNS
   4) OpenDNS
   5) Quad9
   6) AdGuard DNS
   7) Custom
DNS server [2]:
```

Geben Sie einen Namen für den ersten Client ein:

```
Enter a name for the first client:
Name [client]:
```

Bestätigen und starten Sie die OpenVPN-Installation:

```
OpenVPN installation is ready to begin.
Do you want to continue? [Y/n]
```

Fortgeschrittene Benutzer können OpenVPN auch automatisch mit benutzerdefinierten Optionen installieren. Für weitere Details führen Sie Folgendes aus:

```
sudo bash ovpn.sh -h
```

Nach der Einrichtung können Sie das Skript erneut ausführen, um Benutzer zu verwalten oder OpenVPN zu deinstallieren.

Nächste Schritte: Lassen Sie Ihren Computer oder Ihr Gerät das VPN verwenden. Siehe:

3.6 OpenVPN-Clients konfigurieren

Genießen Sie Ihr ganz persönliches VPN!

3.4.6 Installieren Sie IPsec VPN mit IKEv2

GitHub: https://github.com/hwdsl2/setup-ipsec-vpn

Stellen Sie zunächst per SSH eine Verbindung zu Ihrem Server her.

Laden Sie das IPsec VPN-Installationsskript herunter:

```
wget https://get.vpnsetup.net -O vpn.sh
```

Option 1: Automatische Installation mit Standardoptionen.

```
sudo sh vpn.sh
```

Für Server mit einer externen Firewall (z. B. Amazon EC2) öffnen Sie die UDP-Ports 500 und 4500 für das VPN.

Beispielausgabe:

```
$ sudo sh vpn.sh

... ... (Ausgabe weggelassen)
==================================

IPsec VPN server is now ready for use!

Connect to your new VPN with these details:
```

Server IP: 192.0.2.1
IPsec PSK: [Vorinstallierter IPsec-Schlüssel]
Username: vpnuser
Password: [VPN-Passwort]

Write these down. You'll need them to connect!

VPN client setup: https://vpnsetup.net/clients

==================================

==================================

IKEv2 setup successful. Details for IKEv2 mode:

VPN server address: 192.0.2.1
VPN client name: vpnclient

Client configuration is available at:
/root/vpnclient.p12 (for Windows & Linux)
/root/vpnclient.sswan (for Android)
/root/vpnclient.mobileconfig (for iOS & macOS)

Next steps: Configure IKEv2 clients. See:
https://vpnsetup.net/clients

==================================

Nach der Einrichtung können Sie ‚sudo ikev2.sh' ausführen,
um IKEv2-Clients zu verwalten.

Nächste Schritte: Lassen Sie Ihren Computer oder Ihr Gerät
das VPN verwenden. Siehe:

IKEv2-VPN-Clients konfigurieren:
https://github.com/hwdsl2/setup-ipsec-vpn#next-steps

Genießen Sie Ihr ganz persönliches VPN!

Option 2: Interaktive Installation mit benutzerdefinierten Optionen.

```
sudo VPN_SKIP_IKEV2=yes sh vpn.sh
sudo ikev2.sh
```

Sie können die folgenden Optionen anpassen: DNS-Name des VPN-Servers, Name und Gültigkeitsdauer des ersten Clients, DNS-Server für VPN-Clients und ob Client-Konfigurationsdateien mit einem Kennwort geschützt werden sollen.

Beispielschritte (durch Ihre eigenen Werte ersetzen):

Hinweis: Diese Optionen können sich in neueren Versionen des Skripts ändern. Lesen Sie sie sorgfältig durch, bevor Sie die gewünschte Option auswählen.

```
$ sudo VPN_SKIP_IKEV2=yes sh vpn.sh
... ... (Ausgabe weggelassen)


$ sudo ikev2.sh


Welcome! Use this script to set up IKEv2 on your VPN
server.


I need to ask you a few questions before starting
setup. You can use the default options and just press
enter if you are OK with them.
```

Geben Sie den DNS-Namen des VPN-Servers ein:

Do you want IKEv2 clients to connect to this server
using a DNS name, e.g. vpn.example.com, instead of
its IP address? [y/N] y

Enter the DNS name of this VPN server:
vpn.example.com

Geben Sie den Namen und die Gültigkeitsdauer des ersten
Clients ein:

Provide a name for the IKEv2 client.
Use one word only, no special characters except '-'
and '_'.
Client name: [vpnclient]

Specify the validity period (in months) for this
client certificate.
Enter an integer between 1 and 120: [120]

Geben Sie benutzerdefinierte DNS-Server an:

By default, clients are set to use Google Public DNS
when the VPN is active.
Do you want to specify custom DNS servers for IKEv2?
[y/N] y

Enter primary DNS server: 1.1.1.1
Enter secondary DNS server (Enter to skip): 1.0.0.1

Wählen Sie aus, ob die Client-Konfigurationsdateien mit
einem Kennwort geschützt werden sollen:

IKEv2 client config files contain the client
certificate, private key and CA certificate. This
script can optionally generate a random password to

```
protect these files.

Protect client config files using a password? [y/N]
```

Überprüfen und bestätigen Sie die Installationsoptionen:

```
We are ready to set up IKEv2 now.
Below are the setup options you selected.


====================================


Server address: vpn.example.com
Client name: vpnclient


Client cert valid for: 120 months
MOBIKE support: Not available
Protect client config: No
DNS server(s): 1.1.1.1 1.0.0.1


====================================


Do you want to continue? [Y/n]
```

Nach der Einrichtung können Sie ‚sudo ikev2.sh' ausführen, um IKEv2-Clients zu verwalten.

Nächste Schritte: Lassen Sie Ihren Computer oder Ihr Gerät das VPN verwenden. Siehe:

IKEv2-VPN-Clients konfigurieren:
https://github.com/hwdsl2/setup-ipsec-vpn#next-steps

Genießen Sie Ihr ganz persönliches VPN!

3.4.7 Dateien vom Server übertragen

Beim Konfigurieren von VPN-Clients müssen Sie möglicherweise Client-Konfigurationsdateien sicher vom Server auf Ihren lokalen Computer übertragen. Eine Möglichkeit hierfür ist die Verwendung des Befehls ‚scp'. Beispielschritte:

1. Öffnen Sie das Terminal auf Ihrem Computer. Unter Windows können Sie einen Terminalemulator wie Git für Windows verwenden.

   Git für Windows: https://git-scm.com/downloads
   Laden Sie die portable Version herunter und doppelklicken Sie, um sie zu installieren. Wenn Sie fertig sind, öffnen Sie den Ordner ‚PortableGit' und doppelklicken Sie, um ‚git-bash.exe' auszuführen.

2. Geben Sie den folgenden Befehl ein und ersetzen Sie dabei ‚username' durch Ihren SSH-Benutzernamen (z. B. ‚root'), ‚server-ip' durch die IP-Adresse oder den Hostnamen Ihres Servers, ‚/path/to/file' durch den Pfad zur Datei auf dem Server und ‚/local/folder' durch den lokalen Ordner, in dem Sie die Datei speichern möchten.

```
scp username@server-ip:/path/to/file /local/folder
```

3. Wenn Sie sich beispielsweise als ‚root' authentifizieren und ‚/root/client.conf' vom Server mit der IP-Adresse ‚192.0.2.1' in den aktuellen Arbeitsordner auf dem lokalen Computer übertragen möchten:

```
scp root@192.0.2.1:/root/client.conf ./
```

Hinweis: Wenn Sie Git für Windows verwenden, verweist der lokale Ordner ‚/' normalerweise auf den Installationsordner, z. B. ‚PortableGit'.

4. Wenn Sie sich mit einem Passwort anmelden, werden Sie aufgefordert, Ihr Passwort einzugeben. Geben Sie Ihr Passwort ein und drücken Sie die Eingabetaste.

5. Die Datei wird dann vom Server übertragen und in dem von Ihnen angegebenen lokalen Ordner gespeichert.

3.4.8 Das VPN deinstallieren

Wenn Sie WireGuard, OpenVPN und/oder IPsec VPN vom Server entfernen möchten, befolgen Sie diese Schritte.

Warnung: Alle VPN-Konfigurationen werden **dauerhaft gelöscht**. Dies **kann nicht rückgängig gemacht werden**!

Stellen Sie zunächst per SSH eine Verbindung zu Ihrem Server her.

Um WireGuard zu deinstallieren, führen Sie Folgendes aus:

```
sudo bash wg.sh
```

Sie sehen die folgenden Optionen:

```
WireGuard is already installed.

Select an option:
  1) Add a new client
  2) List existing clients
  3) Remove an existing client
  4) Show QR code for a client
```

```
5) Remove WireGuard
6) Exit
```

Wählen Sie Option 5 aus dem Menü, indem Sie 5 eingeben und die Eingabetaste drücken. Bestätigen Sie anschließend die Entfernung von WireGuard.

Hinweis: Diese Optionen können sich in neueren Versionen des Skripts ändern. Lesen Sie sie sorgfältig durch, bevor Sie die gewünschte Option auswählen.

Um OpenVPN zu deinstallieren, führen Sie Folgendes aus:

```
sudo bash ovpn.sh
```

Sie sehen die folgenden Optionen:

```
OpenVPN is already installed.

Select an option:
 1) Add a new client
 2) Export config for an existing client
 3) List existing clients
 4) Revoke an existing client
 5) Remove OpenVPN
 6) Exit
```

Wählen Sie Option 5 aus dem Menü, indem Sie 5 eingeben und die Eingabetaste drücken. Bestätigen Sie anschließend die Entfernung von OpenVPN.

Um IPsec VPN zu deinstallieren, laden Sie das Hilfsskript herunter und führen Sie es aus:

```
wget https://get.vpnsetup.net/unst -O unst.sh
sudo bash unst.sh
```

Bestätigen Sie die Entfernung des IPsec-VPN, wenn Sie dazu aufgefordert werden.

3.5 WireGuard-VPN-Clients konfigurieren

WireGuard-VPN-Clients sind für Windows, macOS, iOS, Android und Linux verfügbar:
https://www.wireguard.com/install/

Um eine VPN-Verbindung hinzuzufügen, öffnen Sie die WireGuard-App auf Ihrem Mobilgerät, tippen Sie auf „Hinzufügen" und scannen Sie anschließend den QR-Code oder importieren Sie die Konfigurationsdatei `.conf` von Ihrem VPN-Anbieter oder Ihrem eigenen Server. Für Windows und macOS übertragen Sie zunächst die `.conf`-Datei sicher auf Ihren Computer, öffnen Sie anschließend WireGuard und importieren Sie die Datei.

Um WireGuard-VPN-Clients auf Ihrem eigenen Server zu verwalten, führen Sie das Installationsskript erneut aus: `sudo bash wg.sh`.

3.5.1 Windows

1. Übertragen Sie die `.conf`-Datei sicher auf Ihren Computer.
2. Installieren und starten Sie den WireGuard VPN Client (https://www.wireguard.com/install/).
3. Klicken Sie auf **Importiere Tunnel aus Datei**.
4. Navigieren Sie zur „.conf"-Datei, wählen Sie sie aus und klicken Sie dann auf **Öffnen**.
5. Klicken Sie auf **Aktivieren**.

3.5.2 macOS

1. Übertragen Sie die `.conf`-Datei sicher auf Ihren Computer.
2. Installieren und starten Sie die **WireGuard**-App aus dem **App Store**.
3. Klicken Sie auf **Tunnel aus Datei importieren**.
4. Navigieren Sie zur „.conf"-Datei, wählen Sie sie aus und klicken Sie dann auf **Importieren**.
5. Klicken Sie auf **Aktiviere**.

3.5.3 Android

1. Installieren und starten Sie die **WireGuard**-App aus **Google Play**.
2. Tippen Sie auf die Schaltfläche „+" und dann auf **Von QR-Code scannen**.
3. Scannen Sie den QR-Code von Ihrem VPN-Server.
4. Geben Sie als **Tunnelnamen** einen beliebigen Namen ein.
5. Tippen Sie auf **Tunnel erstellen**.
6. Schieben Sie den Schalter für das neue VPN-Profil auf EIN.

3.5.4 iOS (iPhone/iPad)

1. Installieren und starten Sie die **WireGuard**-App aus **App Store**.
2. Tippen Sie auf **Tunnel hinzufügen** und dann auf **Aus QR-Code erstellen**.
3. Scannen Sie den QR-Code von Ihrem VPN-Server.
4. Geben Sie als Tunnelnamen einen beliebigen Namen ein.
5. Tippen Sie auf **Speichern**.

6. Schieben Sie den Schalter für das neue VPN-Profil auf
   EIN.

3.5.5 Linux

Installieren Sie das Paket und die benötigten Tools:

```
sudo apt update
sudo apt install wireguard -y
```

Ihr VPN-Anbieter oder Ihr Server stellt Ihnen eine `.conf`-Konfigurationsdatei oder einzelne Schlüssel zur Verfügung. Eine einfache `/etc/wireguard/wg0.conf` sieht beispielsweise so aus:

```
[Interface]
PrivateKey = <your_private_key>
Address = 10.0.0.2/24


[Peer]
PublicKey = <server_public_key>
Endpoint = vpn.example.com:51820
AllowedIPs = 0.0.0.0/0
PersistentKeepalive = 25
```

Hinweis: Die Einstellung `AllowedIPs = 0.0.0.0/0` bedeutet, dass der gesamte Datenverkehr über das VPN (Standardgateway) geleitet wird. Sie können dies anpassen (Split-Tunneling), indem Sie ein spezifischeres Subnetz für `AllowedIPs` verwenden.

Speichern Sie die Konfiguration unter `/etc/wireguard/wg0.conf` (mit den korrekten Berechtigungen: `chmod 600 wg0.conf`). Starten Sie Sie anschließend WireGuard:

```
sudo wg-quick up wg0
```

Dadurch wird die Schnittstelle `wg0` erstellt und der Datenverkehr darüber geleitet. Damit WireGuard beim Systemstart automatisch startet, verwenden Sie:

```
sudo systemctl enable wg-quick@wg0
```

Überprüfen Sie den Status mit `wg show wg0`, um sicherzustellen, dass die Verbindung besteht. Dank der Einfachheit von WireGuard ist **keine zusätzliche Tunneling-Software** über das Kernelmodul und `wg-quick` hinaus erforderlich.

3.6 OpenVPN-Clients konfigurieren

OpenVPN-Clients (https://openvpn.net/client/) sind für Windows, macOS, iOS, Android und Linux verfügbar. macOS-Benutzer können auch Tunnelblick (https://tunnelblick.net) verwenden.

Um eine VPN-Verbindung hinzuzufügen, übertragen Sie zunächst die Datei `.ovpn` sicher von Ihrem VPN-Anbieter oder Ihrem eigenen Server auf Ihr Gerät, öffnen Sie dann die OpenVPN-App und importieren Sie das VPN-Profil.

Um OpenVPN-Clients auf Ihrem eigenen Server zu verwalten, führen Sie das Installationsskript erneut aus: `sudo bash ovpn.sh`.

3.6.1 Windows

1. Übertragen Sie die `.ovpn`-Datei sicher auf Ihren Computer.

2. Installieren und starten Sie den VPN-Client OpenVPN
   Connect (https://openvpn.net/client/).
3. Klicken Sie auf dem Bildschirm **Get connected** auf die
   Registerkarte **Upload file**.
4. Ziehen Sie die „.ovpn‘-Datei per Drag & Drop in das
   Fenster oder navigieren Sie zu der „.ovpn‘-Datei, wählen
   Sie sie aus und klicken Sie dann auf **Öffnen**.
5. Klicken Sie auf **Connect**.

3.6.2 macOS

1. Übertragen Sie die `.ovpn`-Datei sicher auf Ihren
   Computer.
2. Installieren und starten Sie Tunnelblick.
3. Klicken Sie auf dem Willkommensbildschirm auf **Ich
   habe Konfigurationsdateien**.
4. Klicken Sie auf dem Bildschirm **Konfiguration
   hinzufügen** auf **OK**.
5. Klicken Sie in der Menüleiste auf das Tunnelblick-Symbol
   und wählen Sie dann **VPN-Details**.
6. Ziehen Sie die „.ovpn‘-Datei per Drag & Drop in das
   Fenster **Konfigurationen** (linker Bereich).
7. Folgen Sie den Anweisungen auf dem Bildschirm, um das
   OpenVPN-Profil zu installieren.
8. Klicken Sie auf **Verbinden**.

3.6.3 Android

1. Übertragen Sie die `.ovpn`-Datei sicher auf Ihr Android-
   Gerät.
2. Installieren und starten Sie **OpenVPN Connect** von
   Google Play.

3. Tippen Sie auf dem Bildschirm **Get connected** auf die Registerkarte **Upload file**.

4. Tippen Sie auf **Browse**, navigieren Sie dann zu der „.ovpn'-Datei und wählen Sie sie aus.

   Hinweis: Um die „.ovpn'-Datei zu finden, tippen Sie auf die dreizeilige Menüschaltfläche und navigieren Sie dann zu dem Speicherort, an dem Sie die Datei gespeichert haben.

5. Tippen Sie auf dem Bildschirm **Imported Profile** auf **Connect**.

3.6.4 iOS (iPhone/iPad)

Installieren und starten Sie zuerst **OpenVPN Connect** vom **App Store**. Übertragen Sie anschließend die .ovpn-Datei sicher auf Ihr iOS-Gerät. Zum Übertragen der Datei können Sie Folgendes verwenden:

1. Die Datei per AirDrop übertragen und mit OpenVPN öffnen oder

2. Laden Sie es mithilfe der Dateifreigabe (https://support.apple.com/de-de/119585) auf Ihr Gerät hoch (OpenVPN-App-Ordner), starten Sie dann die OpenVPN-Connect-App und tippen Sie auf die Registerkarte **File**.

Wenn Sie fertig sind, tippen Sie auf **Add**, um das VPN-Profil zu importieren, und dann auf **Connect**.

Um die Einstellungen für die OpenVPN Connect App anzupassen, tippen Sie auf die dreizeilige Menüschaltfläche und dann auf **Settings**.

3.6.5 Linux

Installieren Sie das Paket und die benötigten Tools:

```
sudo apt update
sudo apt install openvpn -y
```

Vorausgesetzt, Sie verfügen über eine .ovpn-Konfigurationsdatei von Ihrem VPN-Anbieter oder Ihrem eigenen Server, können Sie sich wie folgt verbinden:

```
sudo openvpn --config /path/to/client.ovpn
```

Dadurch wird OpenVPN im Terminal ausgeführt. Während des Verbindungsaufbaus werden Protokollausgaben angezeigt. Informationen zum Ausführen des OpenVPN-Clients als Hintergrunddienst finden Sie im OpenVPN-Wiki: https://community.openvpn.net/Pages/Systemd

3.7 VPN-Kill-Switch und Leckschutz

Eine wichtige Funktion ist der *Kill-Switch* (oder die *Netzwerksperre*): Bricht die VPN-Verbindung ab, blockiert der Kill-Switch den gesamten Datenverkehr, um Lecks zu verhindern. Viele VPN-Clients bieten eine Option (oft unter „Einstellungen → Firewall/Kill-Switch") zum Aktivieren dieser Funktion. Beispielsweise gibt es in WireGuard unter Windows die Option „Always-on VPN"; unter Android kann man eine Sperre aktivieren für „wenn keine VPN-Verbindung besteht". Unter Linux lassen sich Firewall-Regeln schreiben. Beispiel (mit `iptables` unter Debian/Ubuntu):

```
# Nur Datenverkehr über wg0 zulassen;
# eth0 (oder wlan0) blockieren, falls wg0 ausfällt
```

```
sudo iptables -A OUTPUT ! -o wg0 -m conntrack \
  --ctstate NEW,ESTABLISHED -j DROP
```

Diese Zeile bedeutet: Alle neuen oder bestehenden
ausgehenden Verbindungen, die nicht über die Schnittstelle
wg0 laufen, werden verworfen. (Vorsicht: Testen Sie dies
zuerst in der Konsole, bevor Sie neu starten, um eine
Aussperrung zu vermeiden.) Die genauen Regeln hängen von
der Firewall Ihrer Distribution ab (ufw, firewalld usw.). Viele
Distributionen verwenden **ufw** (Uncomplicated Firewall); Sie
können zum Beispiel Folgendes tun:

```
sudo ufw default deny outgoing
sudo ufw allow out on wg0
sudo ufw allow in on wg0
sudo ufw enable
```

Dies blockiert den gesamten ausgehenden Datenverkehr,
außer über das VPN. (Das obige Beispiel ist vereinfacht;
passen Sie es an Ihre Bedürfnisse an.) Grafische Clients haben
diese Funktion oft integriert, aber das Verständnis der
zugrunde liegenden Firewall-Regeln ist für Server und Router
hilfreich.

4 Sichere DNS- und lokale Resolver

Auch mit einem VPN führt Ihr Gerät weiterhin DNS-Abfragen durch. Wenn das VPN keinen DNS-Server konfiguriert, verwendet Ihr System möglicherweise standardmäßig den DNS-Server Ihres Internetanbieters, der Ihre Anfragen protokollieren könnte. Um diese Sicherheitslücke zu schließen, verwenden Sie verschlüsselten DNS oder einen lokalen Resolver.

4.1 Warum DNS-Datenschutz wichtig ist

Das DNS (Domain Name System) übersetzt Domainnamen in IP-Adressen. Ungeschützt sendet jedes Gerät in Ihrem Netzwerk **die unverschlüsselte Anfrage „Wie lautet die IP-Adresse von example.com?"**. Die Antwort erfolgt ebenso unverschlüsselt. Angreifer (einschließlich Ihres Internetanbieters oder Betreibers eines WLAN-Hotspots) können über diese Anfragen alle von Ihnen besuchten Websites protokollieren. Selbst mit VPN kann es bei Fehlkonfigurationen oder Split-Tunneling zu DNS-Leaks kommen.

Tools zum Schutz der DNS-Privatsphäre:

- **DNS over HTTPS (DoH)**: Verschlüsselt DNS-Anfragen über HTTPS. Browser wie Firefox und Chrome unterstützen DoH; Betriebssysteme (Windows 11, Android 9+) ebenfalls.

- **DNS over TLS (DoT)**: Verschlüsselt DNS-Anfragen über TLS (Port 853 standardmäßig). Androids „Privates DNS" nutzt DoT.

- **Verschlüsseltes DNSCrypt**: Ein älteres, aber noch gebräuchliches Protokoll (DNSCrypt), das DNS zwischen Client und Server verschlüsselt. Das Tool `dnscrypt-proxy` kann als Client fungieren und Anfragen an verschlüsselte DNS-Server weiterleiten.

- **DNSSEC**: Signiert DNS-Einträge kryptografisch. Es gewährleistet Integrität (Manipulationsschutz), verschlüsselt jedoch nicht die Anfragen selbst. Häufig wird es zusammen mit den oben genannten Methoden eingesetzt.

Lokaler rekursiver Resolver (Unbound): Anstatt einen Resolver eines Drittanbieters zu verwenden, können Sie Ihren eigenen DNS-Resolver auf Ihrem Gerät oder Router betreiben. Ihr Gerät fragt dabei *Ihren lokalen Unbound-Server* (häufig 127.0.0.1) ab, und Unbound ruft die Antwort rekursiv von den Root- oder autoritativen Servern ab. Bei einer Fehlkonfiguration von Unbound (z. B. ohne Verschlüsselung) könnte Ihr Internetanbieter diese Anfragen weiterhin einsehen, sofern Sie nicht zusätzlich DoT/DoH einsetzen. Der Vorteil: Sie können Filter anwenden (z. B. Werbung oder Malware blockieren) und sind nicht auf Protokolle von Drittanbietern angewiesen. Red Hat weist darauf hin: „Durch die Nutzung eines eigenen Resolvers verhindern Sie, dass Ihr DNS-Verkehr mit Dritten geteilt wird, und erhöhen Ihre DNS-Privatsphäre.“

4.2 Beispiele für verschlüsseltes DNS

Windows 11 (DNS over HTTPS): Windows 11 verfügt über integrierte DoH-Unterstützung. Unter **Einstellungen → Netzwerk & Internet → Drahtlos (oder Ethernet) → [Ihr Adapter] → DNS-Serverzuweisung** können Sie die

DNS-Einstellungen anpassen und „Nur verschlüsselt (DNS over HTTPS)" auswählen. Ist Ihr DNS-Anbieter (z. B. Cloudflare, Quad9) vorkonfiguriert, wählen Sie ihn aus; andernfalls können Sie einen benutzerdefinierten DoH-Server hinzufügen.

macOS: Neuere macOS-Versionen (Big Sur und höher) unterstützen DNS over TLS (DoT) und DNS over HTTPS (DoH) nativ über Konfigurationsprofile. Bitte beachten Sie die Einrichtungsanleitung Ihres DNS-Anbieters, z. B. Quad9 (https://docs.quad9.net).

Android: Unter Android 9 und neuer gehen Sie zu **Einstellungen → Netzwerk & Internet → Erweitert → Privater DNS**. Geben Sie den Hostnamen Ihres DNS-Anbieters ein (z. B. `dns.google` für Google, `dns.quad9.net` für Quad9, `1dot1dot1dot1.cloudflare-dns.com` für Cloudflare) und speichern Sie die Einstellungen. Dadurch wird DoT für alle Apps aktiviert.

iOS: Ab iOS 14 führte Apple „iCloud Privat-Relay" für Safari ein (dazu später mehr). Standardmäßig verwenden iPhones den DNS-Server des verbundenen WLANs oder Mobilfunknetzes. Mit VPN-Profilen oder Apps (z. B. der AdGuard DNS-App) können Sie verschlüsselte DNS-Server nutzen. Für DoT gibt es unter iOS keine integrierte Systemoberfläche.

Linux: Tools wie `systemd-resolved` unterstützen DoH/DoT; alternativ können Sie `dnscrypt-proxy` oder `cloudflared` verwenden. Um beispielsweise Cloudflares DoT mit `systemd-resolved` zu nutzen, fügen Sie Folgendes zu `/etc/systemd/resolved.conf` hinzu:

```
[Resolve]
DNS=1.1.1.1
FallbackDNS=1.0.0.1
DNSOverTLS=yes
```

Führen Sie anschließend `sudo systemctl restart systemd-resolved` aus. Jetzt verweist `/etc/resolv.conf` auf 127.0.0.53, was `systemd-resolved` ist, aber die Anfragen werden verschlüsselt an Cloudflare weitergeleitet.

4.3 Vergleich der DNS-Anbieter

Nachfolgend finden Sie einen Vergleich beliebter öffentlicher DNS-Anbieter mit Fokus auf Datenschutz, der deren Funktionen zusammenfasst:

DNS-Dienst	IPv4-Adressen	Datenschutz & Funktions-übersicht
Cloudflare	1.1.1.1, 1.0.0.1	Unterstützt DoH/DoT. Schnelles globales Netzwerk, optionaler Schutz vor Malware/erwachsenen Inhalten (1.1.1.2/1.1.1.3).
Quad9	9.9.9.9, 149.112.112.112	Blockiert bekannte schädliche Domains. Unterstützt DoH/DoT/DNSCrypt.
Google Public DNS	8.8.8.8, 8.8.4.4	Unterstützt DoH. Zuverlässig und schnell.

DNS-Dienst	IPv4-Adressen	Datenschutz & Funktions-übersicht
AdGuard DNS	94.140.14.14, 94.140.15.15	Werbe-blockierung (auch sicherer Suchmodus). Unterstützt DoH/DoT/DNSCrypt. Bietet Filterung (Werbung/Malware).
NextDNS	Variiert	Benutzer-konfigurierbare Protokollierung, Abfrage-minimierung. Umfangreiche Filterung verfügbar (Werbung, Tracker, Bedrohungen).
Mullvad DNS	193.138.219.74, 193.138.218.74	Bietet Inhalts-/Werbe-blockierung. Hoher Datenschutz, jedoch in kleinerem Maßstab.
OpenDNS (Cisco)	208.67.222.222, 208.67.220.220	Geschäfts-orientiert; Filter und Kindersicherung verfügbar.
ControlD	Variiert	Unterstützt Filter, DoH/DoT/DoQ.

Hinweise zu DNS-Anbietern: Cloudflare und Quad9 werden häufig datenschutzbewussten Nutzern empfohlen. Cloudflares Richtlinie zur schnellen Protokolllöschung ist überzeugend, allerdings ist der US-amerikanische Gerichtsstand zu beachten. Quad9s strikte No-IP-Logs-Richtlinie und der Standort in der Schweiz sind weitere attraktive Vorteile. AdGuard zeichnet sich durch seinen integrierten Werbeblocker aus und ist daher nützlich für Familien oder alle, die Tracking reduzieren möchten. NextDNS ist sehr anpassbar und datenschutzfreundlich, erfordert jedoch etwas mehr Aufwand bei der Einrichtung (über die iOS-/Android-App oder manuelle DNS-Einträge).

4.4 Unbound als lokaler Resolver

Die Nutzung von **Unbound** bietet zusätzliche Kontrolle. Unter Linux/FreeBSD kann Unbound als Caching-fähiger, rekursiver DNS-Resolver dienen, auf den Sie die DNS-Server Ihres Systems verweisen (standardmäßig 127.0.0.1). Zu den Vorteilen gehören DNSSEC-Validierung, Caching für höhere Geschwindigkeit und die Möglichkeit, Response Policy Zones (RPZ) anzuwenden, um Domains (z. B. Werbung, Tracker) zu blockieren. Standardmäßig fragt Unbound Root-Server jedoch unverschlüsselt ab. Um diese Anfragen zu verschlüsseln, haben Sie folgende Möglichkeiten:

- Konfigurieren Sie die Weiterleitungen in Unbound so, dass sie DoT/DoH-Upstream-Server (z. B. Cloudflare oder Quad9 über TLS) nutzen.
- Verwenden Sie die `stub`-Direktive (z. B. `stub-zone:`) für verschlüsselte Server.

Installationsbeispiel (Ubuntu):

```
sudo apt update
sudo apt install unbound -y
```

Beispiel für eine einfache Konfiguration:

Bearbeiten Sie `/etc/unbound/unbound.conf` (oder erstellen Sie eine Datei in `/etc/unbound/conf.d/`):

```
server:
  interface: 127.0.0.1
  access-control: 127.0.0.1 allow
  root-hints: "/etc/unbound/root.hints"
  auto-trust-anchor-file: "/var/lib/unbound/root.key"

forward-zone:
  name: "."
  forward-addr: 1.1.1.1@853    # Cloudflare DoT
  forward-addr: 1.0.0.1@853    # Cloudflare sekundär
  # Alternativ für Quad9:
  # forward-addr: 9.9.9.9@853
```

Dies konfiguriert Unbound so, dass es auf localhost lauscht und alle Anfragen über verschlüsseltes Cloudflare weiterleitet. Sie müssen die aktuelle `root.hints`-Datei abrufen (`wget -O /etc/unbound/root.hints https://www.internic.net/domain/named.root`) und `unbound-anchor` ausführen, um den Schlüssel `root.key` für DNSSEC zu erhalten. Anschließend starten Sie Unbound:

```
sudo systemctl enable unbound && sudo systemctl start unbound
```

Testen Sie es:

```
dig example.com @127.0.0.1
```

Suchen Sie in der Ausgabe von dig nach `SERVER: 127.0.0.1#53`. Wird dort `127.0.0.1#53` angezeigt, hat Unbound geantwortet. Zum Vergleich zeigt `dig example.com` (mit dem Standard-Resolver) unter Ubuntu `SERVER: 127.0.0.53#53` an, was bedeutet, dass `systemd-resolved` antwortet.

Hinweis zum Datenschutz: Wie Red Hat anmerkt, bedeutet die Nutzung eines eigenen Unbound-Servers, dass Ihre DNS-Daten standardmäßig nicht mit Google oder Cloudflare geteilt werden. Um jedoch Ihren Internetanbieter auszuschließen, sollten Sie die DNS-Verschlüsselung für den Upstream aktivieren. Alternativ können Sie Unbound (sofern unterstützt) auch auf Ihrem Router betreiben, um Ihr Heimnetzwerk zu bedienen.

4.5 Dnscrypt-proxy und andere Tools

Das Tool `dnscrypt-proxy` ist eine weitere Möglichkeit zur Verschlüsselung von DNS-Anfragen. Es kann als lokaler DNS-Server fungieren und Anfragen an ausgewählte DNSCrypt- oder DoH-Anbieter weiterleiten.

Installation unter Linux (z. B. Ubuntu):

```
sudo apt install dnscrypt-proxy
```

Die Konfigurationsdatei befindet sich unter `/etc/dnscrypt-proxy/dnscrypt-proxy.toml`. Bearbeiten Sie diese Datei, um Server auszuwählen (z. B. `'cloudflare'`, `'quad9-dnscrypt-ip4'`) und setzen Sie `listen_addresses = ['127.0.0.1:53']`. Anschließend:

```
sudo systemctl enable dnscrypt-proxy
sudo systemctl start dnscrypt-proxy
```

Stellen Sie nun Ihren System-DNS auf 127.0.0.1 ein. `dnscrypt-proxy` verschlüsselt die Anfragen (z. B. an den DNSCrypt-Endpunkt von Cloudflare).

Der Kerngedanke lautet: **Verschlüsseln Sie Ihre DNS-Anfragen**. Ob über Betriebssystemeinstellungen, Browser (z. B. die DNS-over-HTTPS-Einstellung von Firefox) oder lokale Proxys wie `dnscrypt-proxy` – so verhindern Sie, dass Dritte Ihre DNS-Anfragen einsehen. Dies verbessert die Privatsphäre erheblich, da selbst Ihr Internetanbieter nicht erkennen kann, welche Websites Sie aufrufen.

5 Browser- und Online-Datenschutztools

Nachdem die Netzwerkschicht gesichert wurde, muss auch der Endpunkt gehärtet werden – also der Webbrowser oder die App, mit der Sie die meiste Zeit arbeiten. Moderne Browser verfügen über integrierte Datenschutzfunktionen und unterstützen Erweiterungen. Hier behandeln wir allgemeine Strategien und spezifische Browser-Tools.

5.1 Tracking-Schutz und Werbeblockierung

Die meisten Browser bieten inzwischen Funktionen zum Blockieren von Website-übergreifenden Trackern und Fingerprinting. Safari nutzt beispielsweise standardmäßig die **Intelligente Tracking-Prävention (ITP)**. Diese verbirgt Ihre IP-Adresse vor Trackern und blockiert bekannte Drittanbieter-Cookies. Im privaten Browsermodus geht Safari noch weiter: „Bekannte Tracker werden vollständig daran gehindert, auf Seiten geladen zu werden, und der Link-Tracking-Schutz entfernt Tracking-Informationen, die URLs beim Surfen hinzugefügt werden."

Firefox bietet **Erweiterten Tracking-Schutz**, der bekannte Tracker und Kryptominer standardmäßig blockiert (im „Standard"-Modus werden Social-Media-Tracker blockiert, im „Strengen"-Modus noch mehr). Mit den Erweiterungen **Facebook Container** und **Multi-Account Container** können Sie Websites in separaten Containern isolieren und so seitenübergreifendes Tracking mittels Cookies verhindern.

Werbeblocker: Erweiterungen wie **uBlock Origin** (Browser-Plugin oder systemweit) blockieren Werbung, Tracker und sogar Skripte. Das Blockieren von Werbung dient nicht nur der Geschwindigkeit und Übersichtlichkeit, sondern verhindert auch das Laden vieler Tracking-Skripte. Beispielsweise können Sie uBlock Origin in Chrome oder Firefox verwenden oder den **Brave-Browser**, der über einen integrierten, leistungsstarken Werbe- und Tracker-Blocker verfügt.

Schutz vor Fingerabdrücken: Einige Browser (Firefox, Brave, Safari) versuchen, die Erkennung von Fingerabdrücken zu erschweren. Safari bietet eine vereinfachte Systemkonfiguration, sodass Geräte für Tracker ähnlich aussehen. Brave und Firefox können bestimmte Identifikatoren blockieren oder randomisieren (z. B. Canvas-Fingerprinting-Blockierung in Brave Shields, Fingerprinting-Schutz in den Firefox-Datenschutzeinstellungen).

5.2 Privates Surfen und Container

Verwenden Sie den privaten/Inkognito-Modus für Sitzungen, die nicht gespeichert werden sollen. Dadurch wird verhindert, dass der lokale Verlauf und Cookies dauerhaft gespeichert werden. Beachten Sie jedoch: Der private Modus verbirgt Ihren Datenverkehr *nicht* vor Netzwerkbeobachtern (er ist weiterhin genauso sichtbar wie im normalen Modus). Er hilft hauptsächlich auf demselben Gerät.

Für eine längerfristige Trennung eignen sich Browser-Container hervorragend (z. B. die Firefox-Erweiterung „Multi-Account Container"). Sie können verschiedenen Websites eigene Identitäten (Container) zuweisen (z. B. geschäftlich vs. privat). Jeder Container verfügt über einen eigenen Speicher, sodass Cookies nicht in andere Container gelangen. Dadurch wird beispielsweise verhindert, dass Facebook Ihre Besuche auf anderen Websites über gemeinsam genutzte Cookies verfolgt. Beispiel: Gmail in einem Container, Banken in einem anderen, soziale Medien in einem dritten Container.

5.3 Vergleich der Browser-Datenschutzfunktionen

Ein kurzer Überblick über gängige Browser und deren Datenschutzfunktionen:

- **Safari (Apple):** Intelligente Tracking-Prävention (ITP) standardmäßig aktiviert; Datenschutzberichte; Sandboxing. Im privaten Browsing-Modus werden Fenster bei Inaktivität automatisch gesperrt (Authentifizierung erforderlich). Apple legt großen Wert auf Datenschutz (auch integrierter VPN-ähnlicher Dienst Privat-Relay, siehe Kapitel 7).

- **Firefox (Mozilla):** Starker Tracking-Schutz standardmäßig; Open Source; unterstützt umfangreiche Datenschutz-Erweiterungen. Social-Media- und Website-übergreifende Tracker werden standardmäßig blockiert. Nutzer können den „Strengen"-Modus für noch stärkere Blockierung aktivieren.

- **Brave:** Integrierter Werbe- und Tracker-Blocker (Brave Shields), Fingerabdruck-Randomisierung, integrierte Tor-Fenster (basierend auf Chromium). Datenschutz steht an erster Stelle; auf einigen Plattformen ist zudem eine Brave Firewall+VPN integriert.

- **DuckDuckGo Privacy Browser (mobil):** Fokus auf Datenschutz; blockiert Tracker; verwendet standardmäßig die DuckDuckGo-Suche; einfache Benutzeroberfläche.

- **Google Chrome und Microsoft Edge:** Standardmäßig weniger restriktiv; beide bieten Inkognito-Modus und optionales DoH. Für stärkeren Datenschutz sind Erweiterungen erforderlich (z. B. uBlock Origin, HTTPS Everywhere). Edge (Chromium) bietet verschiedene Tracking-Schutzstufen.

- **Tor Browser:** Höchste Privatsphäre (basierend auf Firefox ESR). Leitet den Datenverkehr über das Tor-Netzwerk (mehrere Zwischenstationen). Schützt systembedingt vor Netzwerküberwachung und Fingerprinting (alle Nutzer erscheinen identisch). Hauptnachteile: geringere Geschwindigkeit und Inkompatibilitäten mit einigen Websites.

Grundsätzlich gilt: Verwenden Sie einen Browser, mit dem Sie Tracker einfach blockieren können und der regelmäßig aktualisiert wird. Für den täglichen Gebrauch eignen sich Firefox oder Brave; für hohe Anonymitätsanforderungen (z. B. zur Umgehung von Zensur) empfiehlt sich der Tor Browser.

5.4 Sichere Browserkonfigurationen

Nachfolgend einige Tipps für sichere Browserkonfigurationen, unabhängig vom gewählten Browser:

- HTTPS überall verwenden. Viele Browser nutzen HTTPS mittlerweile standardmäßig oder bieten einen „Nur-HTTPS"-Modus (z. B. Firefox). Die Browsererweiterung

HTTPS Everywhere (von der EFF) kann HTTPS erzwingen, wo immer verfügbar.

- WebRTC-Leak deaktivieren. Browser mit WebRTC (Chrome, Firefox, Edge) können unter bestimmten Bedingungen Ihre echte IP-Adresse preisgeben. Erweiterungen oder Einstellungen zum Deaktivieren von WebRTC (z. B. in Firefox `media.peerconnection.enabled = false` in `about:config`) helfen, dies zu verhindern.

- „Nicht verfolgen" aktivieren (obwohl die meisten Tracker dies ignorieren). Wichtiger ist die Nutzung von uBlock Origin oder integrierten Inhaltsblockern.

- Installation vieler Erweiterungen vermeiden (jede Erweiterung erhöht die Angriffsfläche). Beschränken Sie sich auf bekannte Erweiterungen und halten Sie diese aktuell.

- Automatisches Ausfüllen/Passwortspeicherung im Browser deaktivieren, wenn Sie einen dedizierten Passwortmanager verwenden (Sicherheitsvorteil).

5.5 Beispiel: Aktivieren von DoH in Firefox

Schritt-für-Schritt-Anleitung zur Aktivierung von DNS-over-HTTPS in Firefox (plattformübergreifend):

1. Öffnen Sie **Einstellungen → Allgemein → Netzwerkeinstellungen** (unten auf der Seite).
2. Klicken Sie neben „Netzwerkeinstellungen" auf **Einstellungen....**
3. Scrollen Sie nach unten und aktivieren Sie **DNS over HTTPS aktivieren**.

4. Wählen Sie einen Anbieter (standardmäßig Cloudflare) oder geben Sie einen benutzerdefinierten Anbieter ein.

5. Klicken Sie auf **OK**.

Firefox sendet nun DNS-Anfragen über HTTPS, unabhängig vom System-DNS. Überprüfen können Sie dies in Firefox 98+ unter `about:networking#dns` oder in älteren Versionen unter `about:debugging#/runtime/this-firefox`.

6 Datenschutzeinstellungen des Betriebssystems und des Geräts

Neben Apps und Netzwerken verfügt Ihr Betriebssystem über integrierte Datenschutzfunktionen. Wir behandeln wichtige Einstellungen unter Windows, macOS, Android und iOS sowie bestimmte Browsererweiterungen und systemweite Tools.

6.1 Windows-Datenschutz

Windows 11/10-Einstellungen:

- **Datenschutz- und Sicherheitseinstellungen:** Gehen Sie zu **Einstellungen → Datenschutz & Sicherheit**, um Sicherheitsoptionen und Berechtigungen für Windows und Apps zu konfigurieren. Unter **Windows-Berechtigungen → Allgemein** können Sie z. B. Schalter wie „Apps dürfen mir personalisierte Werbung mithilfe meiner Werbe-ID anzeigen" deaktivieren.

- **Berechtigungen:** Unter **Datenschutz & Sicherheit → App-Berechtigungen** können Sie festlegen, welche Apps auf Kamera, Mikrofon, Standort usw. zugreifen dürfen. Gewähren Sie diese Rechte nur unbedingt notwendigen Apps.

- **Standortdienste:** Deaktivieren Sie Standortdienste, wenn nicht benötigt, oder beschränken Sie sie auf bestimmte Apps.

- **Diagnose und Telemetrie:** Gehen Sie zu **Einstellungen → Datenschutz & Sicherheit → Diagnose & Feedback**, stellen Sie Diagnosedaten auf „Nur erforderlich" und deaktivieren Sie personalisierte Benutzererlebnisse. (Unternehmensverwaltungssysteme ermöglichen ggf. weitere Steuerung über Gruppenrichtlinien.)

- **Datenweitergabe an Microsoft einschränken:** Deaktivieren Sie das Senden zusätzlicher Nutzungsdaten von Microsoft-Produkten.

- **Windows-Firewall & VPN:** Stellen Sie sicher, dass die integrierte Firewall aktiviert ist. Ein integriertes Windows-VPN (SSTP, PPTP, IKEv2) kann unter **Netzwerk & Internet → VPN** konfiguriert werden, wenn keine Drittanbieter-Clients verwendet werden.

- **BitLocker:** Aktivieren Sie die BitLocker-Verschlüsselung, um die Daten auf Ihrem Computer zu schützen (Einstellungen → Datenschutz & Sicherheit → Geräteverschlüsselung).

6.2 macOS-Datenschutz

macOS verfügt über ein starkes Sicherheitsmodell. Wichtige Schritte:

- **Systemeinstellungen → Sicherheit & Datenschutz:** Überprüfen Sie unter dem Reiter „Datenschutz" **Ortungsdienste, Kontakte, Kalender, Kamera, Mikrofon, Vollzugriff auf die Festplatte, Bildschirmaufnahme** usw. Erteilen Sie Apps nur die Berechtigungen, die sie tatsächlich benötigen.

- **Safari-Sicherheit:** In den Safari-Einstellungen können Sie die Warnung vor betrügerischen Websites aktivieren, Pop-ups und Werbung blockieren sowie weitere Sicherheitsoptionen konfigurieren.

- **FileVault:** Aktivieren Sie FileVault (vollständige Festplattenverschlüsselung), um ruhende Daten zu schützen.

- **Gatekeeper & Updates:** Halten Sie macOS stets auf dem neuesten Stand. Unter **Sicherheit & Datenschutz → Allgemein** können Sie Apps nur aus dem App Store oder aus dem App Store und von identifizierten Entwicklern zulassen.

- **Firewall:** Aktivieren Sie die macOS-Firewall (**Sicherheit & Datenschutz → Firewall**). Die Option „Stealth-Modus" verbirgt Ihren Mac vor unerwünschten Scan-Versuchen.

6.3 Android-Datenschutz

Android bietet in den letzten Versionen einen erweiterten Datenschutz:

- **Berechtigungen:** Unter **Einstellungen → Datenschutz → Berechtigungsmanager** können Sie die Nutzung einzelner Berechtigungen (Standort, Kamera usw.) prüfen. Entziehen Sie alle nicht benötigten Berechtigungen.

- **Standortdienste:** Sie können den Standort nur während der Nutzung der App zulassen oder auf Systemebene deaktivieren.

- **Hintergrundaktivität: Einstellungen → Apps → Alle anzeigen → [App] → Akku**, um die Hintergrundnutzung für Apps einzuschränken, die sie nicht benötigen.

- **Privates DNS:** Stellen Sie das private DNS auf einen verschlüsselten Resolver ein (**Einstellungen → Netzwerk & Internet → Erweitert → Privates DNS**).

- **Sperrbildschirmbenachrichtigungen:** Beschränken Sie, welche Informationen auf dem Sperrbildschirm angezeigt werden, wenn das Gerät gesperrt ist.

- **Google-Dienste:** Deaktivieren Sie in den Google-Einstellungen (Konten) die Anzeigenpersonalisierung und die Option **„Nutzung & Diagnose zulassen"**.

- **Android 14+:** Das Datenschutz-Dashboard zeigt, wie häufig Apps auf sensible Daten zugegriffen haben. Nutzen Sie es, um ungewöhnliches Verhalten zu erkennen. Außerdem werden Funktionen der Privacy Sandbox (z. B. FLoC-Alternativen) eingeführt.

6.4 iOS-Datenschutz

iOS bietet granulare Steuerungsmöglichkeiten:

- **Einstellungen → Datenschutz & Sicherheit:** Prüfen Sie jede Kategorie (Ortungsdienste, Kontakte, Fotos, Mikrofon usw.) und deaktivieren Sie unerwünschten Zugriff.

- **Tracker:** Unter **Einstellungen → Datenschutz & Sicherheit → Tracking** deaktivieren Sie **„Apps erlauben, Tracking anzufordern"**, um Tracking-Anfragen von Apps zu stoppen.

- **Safari:** Aktivieren Sie unter **Einstellungen → (Apps →) Safari** die Optionen **„Websiteübergreifendes Tracking verhindern"** und **„IP-Adresse verbergen"** (ab iOS 14). Im **Datenschutzbericht** können Sie blockierte Tracker einsehen.

- **App-Datenschutzbericht:** iOS 15+ kann einen Bericht über Sensor- und Netzwerkzugriffe von Apps erstellen (**Einstellungen → Datenschutz & Sicherheit → App-Datenschutzbericht**). Aktivieren Sie diese Funktion, um Apps zu auditieren.

- **Ortungsdienste:** Unter **Datenschutz & Sicherheit → Ortungsdienste** können Sie je nach Bedarf Berechtigungen für Apps und Systemdienste konfigurieren.

- **Analysen & Verbesserungen:** Unter **Datenschutz & Sicherheit → Analysen & Verbesserungen** können Sie festlegen, ob iPhone-Analysen geteilt werden sollen, und Optionen wie **„Siri und Diktierfunktion verbessern"** aktivieren.

iCloud Privat-Relay: Wenn Sie iCloud+ (Teil von Apple One usw.) nutzen, können Sie **Privat-Relay** aktivieren (**Einstellungen → [Ihr Name] → iCloud → Privat-Relay**). Dies verschlüsselt Safari-Datenverkehr, indem er über zwei Server geleitet wird: Einer kennt Ihre IP-Adresse, der andere das Ziel, sodass keine einzelne Partei beide Informationen kennt. (Details im nächsten Kapitel.)

6.5 Browsererweiterungen und Hilfsprogramme

Neben den Datenschutzeinstellungen des Betriebssystems und des Geräts können Sie Ihre Privatsphäre durch Browsererweiterungen und systemweite Tools weiter verbessern:

- **VPN-Apps:** Wie bereits in früheren Kapiteln behandelt, installieren Sie auf Ihrem Mobilgerät die App Ihres VPN-Anbieters, um eine Verbindung herzustellen und den Datenverkehr über das VPN zu leiten.

- **AdGuard (App-Ebene):** Auf Mobilgeräten bietet AdGuard Apps (Android, iOS), die systemweite DNS-Filterung mittels lokaler VPN-Technik ermöglichen. Sie erzwingen verschlüsseltes DNS, blockieren Werbung und filtern Tracker auch außerhalb des Browsers.

- **Passwortmanager:** Obwohl hier nicht ausführlich behandelt, kann die Verwendung eines Passwortmanagers (wie Bitwarden oder 1Password) die Sicherheit erhöhen. iOS und Android unterstützen die Integration in die automatische Ausfüllfunktion. Einige Browser, z. B. Google Chrome, bieten Funktionen zur Passwortüberwachung, die Sie benachrichtigen, falls eines Ihrer gespeicherten Passwörter in einem Datenleck auftaucht.

- **Zwei-Faktor-Authentifizierung:** Verwenden Sie für die Zwei-Faktor-Authentifizierung eine Authentifizierungs-App (z. B. Authy oder Google Authenticator) anstelle von SMS. Dies schützt zwar nicht

direkt den Netzwerkverkehr, kann aber ein wichtiger
Bestandteil der allgemeinen Sicherheitsvorkehrungen
sein.

72

7 Apples iCloud Privat-Relay

Mit iOS 15/macOS Monterey führte Apple **iCloud Privat-Relay** für Safari ein. Vergleich mit herkömmlichen Tools:

- **Funktionsweise:** Wenn Sie in Safari iCloud Privat-Relay aktivieren, werden Ihre DNS- und Webdaten verschlüsselt und über *zwei Relays* von zwei verschiedenen Betreibern geleitet. Das erste Relay (von Apple betrieben) kennt Ihre IP-Adresse, weist Ihnen aber eine temporäre, zufällige IP-Adresse zu. Das zweite Relay (Partner-CDN) kennt die besuchte Website, sieht aber nur eine verschleierte IP-Adresse (die von Apple). Dadurch wird sichergestellt, dass *keine Partei sowohl Sie als auch Ihr Ziel einsehen kann*. Ihre IP-Adresse wird vor Websites verborgen (diese sehen nur eine Relay-IP) und Ihre Browserdaten vor Ihrem Internetanbieter geschützt. DNS-Anfragen werden ebenfalls verschlüsselt und über einen Proxy weitergeleitet.

- **Einschränkungen:** Privat-Relay funktioniert nur in Safari (und bestimmten Apps, die den Systemnetzwerkstack nutzen, z. B. Wetter). Es verarbeitet *keinen* Datenverkehr von anderen Browsern oder Apps. Ein iCloud+-Abonnement ist erforderlich. Es funktioniert möglicherweise auch nicht mit benutzerdefiniertem DNS oder in bestimmten Netzwerken, es sei denn, Sie aktivieren die Option **„IP-Adressenverfolgung einschränken"** in WLAN- oder Mobilfunknetzen (wie in Apples Anleitung beschrieben). Regionale Einschränkungen sind möglich (nicht überall verfügbar).

- **Datenschutzprofil:** Es handelt sich um eine Art leichtes VPN, das nur für Safari verfügbar ist. Da Apple vorschreibt, dass jeder Relay-Server von einem anderen Unternehmen betrieben wird, kann selbst Apple nicht beide Endpunkte einsehen. Apple erklärt: „Keine einzelne Partei (nicht einmal Apple oder Ihr Internetanbieter) kann eine IP-Adresse einer Website zuordnen." Websites sehen lediglich einen allgemeinen Standort (Land/Zeitzone), sofern Sie dies zulassen.

Dieses Kapitel befasst sich eingehend mit iCloud Privat-Relay: Designziele, Datenschutzmodell, Einschränkungen, praktische Einrichtung auf iPhone/iPad und Mac sowie Fehlerbehebung. Sie erhalten Schritt-für-Schritt-Anleitungen zur Konfiguration und können überprüfen, ob Privat-Relay aktiv ist.

7.1 Überblick: Was ist iCloud Privat-Relay?

Apples iCloud Privat-Relay ist eine Datenschutzfunktion für iCloud+-Abonnenten, die Ihre Safari-Webaktivitäten (und einige DNS-Abfragen des Systems) vor Netzwerkbeobachtern verbergen soll. Das Grundprinzip basiert auf **Split-Trust**: Der Datenverkehr wird über zwei separate Relays geleitet, sodass keine einzelne Partei gleichzeitig Ihre Identität und die von Ihnen besuchten Websites einsehen kann.

Ingress Relay (Apple): Sieht die IP-Adresse des Benutzers, aber nicht den Zielhostnamen (der Inhalt der Anfrage ist verschlüsselt).

Egress Relay (Partner-CDNs): Sieht das Ziel der Website, empfängt jedoch nur eine temporäre, regionsspezifische IP-Adresse, die den Benutzer nicht identifiziert.

Dieses Design bedeutet:

- Apple kann Ihre echte IP-Adresse nicht mit Ihrem Browserziel verknüpfen.
- Ihr Internetanbieter bzw. lokales Netzwerk kann weder die DNS-Abfragen noch das vollständige Ziel Ihres Safari-Datenverkehrs einsehen.
- Es bietet nicht die gleiche Abdeckung wie ein VPN für das gesamte Gerät – Privat-Relay schützt in erster Linie den Safari-Datenverkehr.

7.2 Vorteile & Abwägungen

Vorteile:

- **Einfach zu aktivieren:** In iOS/macOS für iCloud+-Nutzer integriert (einfacher Schalter).
- **Keine Konfiguration pro App erforderlich:** Funktioniert automatisch für Safari und bestimmte System-DNS-Abfragen.
- **Split-Trust-Modell:** Kein einzelner Netzbetreiber (nicht einmal Apple) sieht sowohl Ihre Identität als auch Ihre Ziele.
- **Verschlüsselt Safari-DNS & -Datenverkehr:** Schützt das Surfen vor Ausspähversuchen im lokalen Netzwerk (z. B. in öffentlichen WLANs).

Kompromisse / Einschränkungen:

- Betrifft nur Safari (und einige System-DNS-Abfragen). Datenverkehr von anderen Browsern oder Apps wird nicht automatisch weitergeleitet.
- Keine Serverauswahl (man kann keine länderspezifischen Exit-IPs wählen wie bei einem VPN).

- Kein direkter Ersatz für ein VPN oder Tor, wenn vollständige Geräteabdeckung oder maximale Anonymität erforderlich ist.
- Nicht verfügbar in einigen Managed-/Captive-Netzwerken oder in bestimmten Ländern bzw. regulatorischen Umgebungen.

7.3 Wer sollte Privat-Relay nutzen?

iCloud Privat-Relay eignet sich insbesondere für:

- Alltägliche Apple-Nutzer, die eine komfortable, datenschutzfreundliche Funktion zum Surfen im Internet wünschen.
- Personen, die ihre Safari-Aktivitäten vor lokalen Netzwerken und Internetanbietern verbergen möchten, ohne Apps von Drittanbietern zu installieren.
- Nutzer, die eine Split-Trust-Architektur bevorzugen, anstatt einem einzelnen VPN-Anbieter ihren gesamten Datenverkehr anzuvertrauen.

Es ist nicht ideal für:

- Nutzer, die den gesamten App-Datenverkehr über einen Drittanbieterstandort leiten müssen (z. B. um über ein anderes Land auf regional gesperrte Dienste zuzugreifen).
- Nutzer, die ein hohes Maß an Anonymität gegenüber Angreifern benötigen – dafür sollte Tor verwendet werden.

7.4 Voraussetzungen und Kompatibilität

Vor der Konfiguration von Privat-Relay:

1. Sie benötigen ein iCloud+-Abonnement unter der Apple-ID, die Sie auf dem Gerät verwenden.

2. Aktualisieren Sie auf eine unterstützte Betriebssystemversion:

   - iOS/iPadOS: aktuelle Versionen (iOS 15+ bietet Verbesserungen; verwenden Sie die neueste stabile Version).
   - macOS: Monterey oder neuer (mit den neuesten Sicherheitsupdates) für beste Kompatibilität.

3. Privat-Relay ist möglicherweise in bestimmten Netzwerken, Regionen oder auf verwalteten Geräten (MDM/Unternehmensprofile) nicht verfügbar.

7.5 Privat-Relay auf iPhone/iPad aktivieren und konfigurieren

1. Öffnen Sie **Einstellungen** → tippen Sie auf Ihre **Apple-ID** (Ihren Namen) → **iCloud**.

2. Tippen Sie auf **Privat-Relay**.

3. Aktivieren Sie **Privat-Relay**.

4. Neben dem Schalter können Sie die Option **IP-Adressstandort** konfigurieren:

   - Allgemeine Standortbestimmung beibehalten, oder
   - Land und Zeitzone verwenden

5. Optional: Verhalten pro Netzwerk konfigurieren:

   - Einstellungen → WLAN → (ⓘ neben einem Netzwerk tippen) → **IP-Adressenverfolgung einschränken** aktivieren/deaktivieren. Dadurch wird Privat-Relay für dieses WLAN ein- oder ausgeschaltet.

Hinweise:

- Wenn beim Umschalten von Privat-Relay „Nicht verfügbar" angezeigt wird, folgen Sie den Schritten zur Fehlerbehebung weiter unten.
- Wenn ein VPN für das gesamte Gerät aktiviert ist, kann Privat-Relay deaktiviert sein oder nicht wie erwartet funktionieren, um Konflikte zwischen mehreren Tunneling-Technologien zu vermeiden.

7.6 Privat-Relay unter macOS aktivieren und konfigurieren

1. Öffnen Sie **Systemeinstellungen** (Apple-Menü → Systemeinstellungen) → klicken Sie auf Ihre **Apple-ID** → **iCloud**.
2. Suchen Sie **Privat-Relay** und aktivieren Sie es.
3. Legen Sie die IP-Adressstandortpräferenzen fest (gleiche Optionen wie bei iOS).
4. Verhalten pro Netzwerk konfigurieren: Systemeinstellungen → Netzwerk → WLAN → Details zum Netzwerk → **IP-Adressenverfolgung einschränken** (ein-/ausschalten).

Hinweise:

iCloud Privat-Relay betrifft das Surfen mit Safari unter macOS. CLI-Tools (z. B. Terminal `curl`) nutzen Privat-Relay in der Regel nicht; sie verwenden zwar den System-Netzwerkstack, werden jedoch nicht wie Safari über das Relay geleitet.

7.7 So überprüfen Sie, ob Privat-Relay aktiv ist

Praktische Prüfungen, um zu bestätigen, dass Privat-Relay für Safari funktioniert:

Visueller Status in den Einstellungen (Kurzprüfung)

- iPhone: Einstellungen → Apple-ID → iCloud → Privat-Relay zeigt „Ein" oder „Aus" an.
- macOS: Systemeinstellungen → Apple-ID → iCloud → Privat-Relay zeigt den Status an.

Safari verwenden und IP-Adresse über einen Webdienst prüfen

- Öffnen Sie Safari und besuchen Sie eine öffentliche Website, die Ihre IP-Adresse anzeigt (z. B. https://ipchicken.com oder http://ipv4.icanhazip.com).
- Wenn Privat-Relay aktiviert ist, sollte die öffentliche IP-Adresse von der vom Internetanbieter zugewiesenen IP abweichen.

Wichtiger Hinweis: Da Privat-Relay speziell Safari (und einige System-DNS-Abfragen) schützt, sollten diese Tests in Safari durchgeführt werden. Andere Browser oder die Ausführung von `curl http://ipv4.icanhazip.com` im Terminal unter macOS können Ihre echte IP-Adresse anzeigen.

7.8 Fehlerbehebung bei Privat-Relay

Wenn Privat-Relay nicht funktioniert oder „Nicht verfügbar" angezeigt wird:

1. **iCloud+-Abonnement und Apple-ID prüfen:** Einstellungen → Apple-ID → iCloud. Stellen Sie sicher, dass Sie mit derselben Apple-ID angemeldet sind und iCloud+ aktiv ist.

2. **Betriebssystem prüfen:** Aktualisieren Sie auf die neueste iOS-/iPadOS-/macOS-Version, um die Kompatibilität sicherzustellen.

3. **Konfliktierende Netzwerktools deaktivieren:**
   - VPN-Clients (für das gesamte Gerät) deaktivieren häufig Privat-Relay – schalten Sie Ihr VPN vorübergehend aus, um es zu testen.
   - Lokale DNS-Proxys oder Paketerfassungs-Tools können Privat-Relay stören.

4. **Netzwerkbeschränkungen prüfen:** Einige Netzwerke (unternehmenseigene Netzwerke, Captive Portals oder bestimmte ISPs) blockieren Privat-Relay. Testen Sie ein anderes WLAN- oder Mobilfunknetz.

5. **MDM/Profile prüfen:** Geräte, die von einer Organisation verwaltet werden (MDM), können Einstellungen oder Einschränkungen enthalten, die Privat-Relay verhindern.

6. **Privat-Relay aus- und wieder einschalten:** Vorübergehende Probleme lassen sich oft durch erneutes An- und Abmelden bei iCloud oder durch Aus- und Einschalten der Funktion beheben. Ein Neustart des Geräts kann ebenfalls helfen.

7.9 Fortgeschritten: Interaktion mit VPNs, DNS und Browsern

iCloud Privat-Relay vs. VPN für das gesamte Gerät: Wenn ein VPN für das gesamte Gerät aktiv ist, kann Privat-Relay deaktiviert sein oder sein Datenverkehr wird je nach

Betriebssystem über das VPN geleitet. Unter iOS bevorzugt das System in der Regel einen einzigen aktiven Netzwerktunnel. Für zuverlässigen Schutz des gesamten Geräts ist ein VPN daher meist die bessere Wahl.

DNS-Konfigurationen: Wenn Sie private DNS- oder benutzerdefinierte Resolver-Einstellungen manuell konfiguriert haben, kann Privat-Relay DNS-Anfragen für Safari möglicherweise nicht korrekt weiterleiten. Besonders benutzerdefinierte DNS-Einstellungen oder lokale Filter können die Funktionsweise von Privat-Relay stören.

Mehrere Browser: iCloud Privat-Relay schützt **nur Safari**. Wenn Sie Chrome oder Firefox nutzen, sollten Sie deren eigene DoH-/DoT-Optionen oder ein VPN für vollständigen Geräteschutz in Betracht ziehen.

7.10 Analyse von Datenschutz und Sicherheit bei Privat-Relay

Stärken:

- Beseitigung eines Single-Point-of-Failure in Bezug auf Vertraulichkeit (keine einzelne Instanz sieht sowohl Benutzeridentität als auch Zieladresse).
- Standardintegration: Apple verwaltet Infrastruktur und Benutzererlebnis, sodass auch technisch weniger versierte Nutzer den Datenschutz verbessern können, ohne komplexe Tools konfigurieren zu müssen.

Verbleibende Risiken:

- Die Relays (Ingress/Egress) sehen weiterhin Teildaten (IP oder Zieladresse). Angreifer mit rechtlicher oder technischer Kontrolle über beide Relays könnten theoretisch Daten korrelieren. Apples Architektur stellt jedoch die Unabhängigkeit der beiden Betreiber sicher.

- Der Schutz beschränkt sich auf Safari – Apps können weiterhin Daten über andere Kanäle (Cookies, Kontoanmeldungen, Analysen) preisgeben.
- Apples Richtlinien und technische Umsetzung können sich ändern; Nutzer sollten daher Apples Datenschutzbestimmungen sowie mögliche Prüfungen durch Dritte im Auge behalten.

7.11 Praktische Tipps und empfohlene Einstellungen

- Verwenden Sie iCloud Privat-Relay für das tägliche Surfen mit Safari und kombinieren Sie es mit guter Browserhygiene: Passwortmanager (z. B. iCloud Keychain), Tracker-Blocker und bei Bedarf datenschutzfreundliche Suchmaschinen.
- Wenn Sie vollständigen Geräteschutz für alle Apps benötigen, wählen Sie ein vertrauenswürdiges VPN mit klarer No-Logs-Richtlinie (idealerweise geprüft) und modernen Protokollen (WireGuard oder OpenVPN). Alternativ können Sie ein eigenes VPN einrichten. Siehe Kapitel 3 für weitere Informationen.
- Verlassen Sie sich bei hohen Anonymitätsanforderungen nicht allein auf Privat-Relay: Kombinieren Sie es ggf. mit Tor oder wechseln Sie zu Tor.
- **Leistung:** Bei standortspezifischen Inhalten (z. B. lokale Nachrichten) setzen Sie den IP-Standort von Privat-Relay auf **„Allgemeinen Standort beibehalten"**. Für stärkere Standortverschleierung wählen Sie **„Land und Zeitzone verwenden"**.

- **Bei Verbindungsproblemen:** Deaktivieren Sie temporär VPNs, benutzerdefinierte DNS-Server, Werbeblocker-Proxys und Netzwerkprofile, um die Ursache einzugrenzen.

7.12 Häufig gestellte Fragen: Schnelle Antworten

F: Verbirgt Privat-Relay meine Browserdaten vor Apple?
A: Nicht vollständig: Apples Ingress-Relay sieht die Quell-IP, aber nicht das Ziel; ein separater Egress-Operator sieht das Ziel, aber nicht die Quelle. Das Split-Trust-Modell sorgt dafür, dass Apple nicht beides gleichzeitig sehen kann.

F: Funktioniert Privat-Relay sowohl über WLAN als auch Mobilfunk?
A: Ja, sofern Ihr Mobilfunkanbieter/Netzwerk dies nicht blockiert und Ihr iCloud+-Abonnement aktiv ist.

F: Wird Privat-Relay das Surfen verlangsamen?
A: Normalerweise kaum spürbar beim regulären Surfen. Es kann jedoch im Vergleich zu direkten Verbindungen zu leicht erhöhten Latenzen kommen. Tor ist in der Regel langsamer; einige VPNs können je nach Protokoll/Server schneller oder langsamer sein.

F: Kann ich Privat-Relay und ein VPN gleichzeitig nutzen?
A: Systemweite VPNs überschreiben oder deaktivieren in den meisten Fällen Privat-Relay. Das Verhalten kann variieren; testen Sie und wählen Sie das Tool, das Ihren Anforderungen am besten entspricht.

F: Ist Privat-Relay weltweit verfügbar?

A: Es ist allgemein verfügbar, kann aber in bestimmten Regionen oder auf verwalteten Unternehmensnetzwerken eingeschränkt oder deaktiviert sein.

7.13 Schlussbemerkungen

Apples iCloud Privat-Relay ist ein durchdachtes, benutzerfreundliches Datenschutztool, das die Basisprivatsphäre für Millionen von Safari-Nutzern verbessert. Die Split-Relay-Architektur ist besonders attraktiv für Nutzer, die einem einzelnen VPN-Anbieter nicht vollständig vertrauen möchten – und für diejenigen, die ihren Datenschutz unkompliziert verbessern wollen, ohne zusätzliche Software installieren zu müssen. Privat-Relay ist jedoch kein vollständiger Ersatz für ein VPN. Nutzen Sie es für sicheres Surfen im Alltag auf Apple-Geräten und kombinieren Sie es bei Bedarf mit einem systemweiten VPN für andere Datenströme oder wenn höhere Anonymität erforderlich ist.

8 Tor: Überblick, Einrichtung und praktische Anwendung

Dieses Kapitel erklärt, was Tor ist, wie Onion-Routing funktioniert und welche Anwendungsfälle sowie Grenzen es gibt. Es enthält plattformspezifische Schritt-für-Schritt-Anleitungen zur Installation und Nutzung des Tor Browsers (Windows, macOS, Linux, Android, iOS), erläutert die Konfiguration und Nutzung von Bridges und Pluggable Transports (z. B. obfs4) und zeigt fortgeschrittenen Nutzern, wie man einen einfachen Onion-Dienst veröffentlicht.

Hinweis: Tor bietet bei korrekter Anwendung starke Anonymität, aber kein System gewährleistet perfekte Anonymität. Tor schützt Routing-Metadaten standardmäßig; Lecks auf Anwendungsebene (z. B. Anmeldung in einem persönlichen Konto) können die Anonymität aufheben. Halten Sie den Tor Browser stets auf dem neuesten Stand und befolgen Sie die empfohlenen Sicherheitsmaßnahmen. Offizielle Ressourcen, Downloads und Dokumentationen finden Sie auf der Website des Tor-Projekts.

8.1 Was ist Tor?

Tor (The Onion Router) ist ein kostenloses, von Freiwilligen betriebenes Overlay-Netzwerk, das Nutzern hilft, ihre Online-Anonymität zu wahren, indem der Datenverkehr über eine Reihe verschlüsselter Relays geleitet wird. Kein einzelnes Relay kennt dabei sowohl den Ursprung als auch das Ziel eines Datenstroms. Tor wird vom Tor-Projekt entwickelt und verbreitet und findet breite Anwendung in den Bereichen Datenschutz, Zensurumgehung, sichere Forschung und anderen legitimen Zwecken.

- **So funktioniert Tor (kurzgefasst):** Ihr Tor-Client wählt einen zufälligen Pfad über typischerweise drei Relays: einen Einstiegsknoten (Guard-Knoten), einen Zwischenknoten und einen Ausgangsknoten. Jeder Hop kennt nur seinen Vorgänger und Nachfolger. Die Daten werden schichtweise verschlüsselt („Zwiebelschichten"); jedes Relay entfernt eine Schicht und leitet den Rest weiter, sodass kein einzelner Knoten sowohl Quell-IP als auch Ziel-IP sehen kann.

- **Wichtigste Eigenschaften:** Hilft, die von Ihnen besuchten Websites vor Ihrem Internetanbieter zu verbergen; verschleiert Ihre IP vor Zielseiten; ermöglicht Zugriff auf .onion-Dienste, die nur innerhalb des Tor-Netzwerks erreichbar sind.

Weitere Informationen zum Tor-Projekt (z. B. was Tor ist und warum es existiert) finden Sie auf der Website des Tor-Projekts (https://www.torproject.org).

8.2 Wann man Tor verwenden sollte: Vorteile und Grenzen

- **Verwenden Sie Tor, wenn:** Sie hohe Anonymität benötigen (Aktivisten, Journalisten, Forschende in repressiven Umgebungen), Netzwerkzensur umgehen wollen oder auf Onion-Dienste zugreifen möchten.

- **Nicht geeignet für Tor:** bandbreitenintensive Aufgaben (große Downloads oder HD-Videostreaming – Tor ist im Vergleich zu direkten Verbindungen langsam) oder den Schutz von Daten nach der Anmeldung bei identifizierbaren Konten (z. B. Ihrem persönlichen Google-Konto). Tor schützt die Routenführung, nicht die Inhalte, die Sie beim Authentifizieren an eine Website übermitteln.

- **Hinweis zum Bedrohungsmodell:** Tor schützt Anonymität auf Routing-Ebene. Ein kompromittierter Endpunkt (Malware), Browser-Fingerprinting oder Anmeldesitzungen, die mit Ihrer realen Identität verknüpft sind, können die Anonymität aufheben.

Einen Vergleich zwischen Tor, Privat-Relay und VPNs sowie Hinweise zur Auswahl des passenden Tools für Ihre Ziele finden Sie in Kapitel 9, Privat-Relay vs. VPN und Tor.

8.3 Tor Browser: Installation und erste Schritte

8.3.1 Tor Browser herunterladen

Offizielle Quelle: Laden Sie den Tor Browser immer von der Website des Tor-Projekts herunter, um manipulierte Versionen zu vermeiden. Offizielle Downloads und Signaturen finden Sie auf der Downloadseite des Tor-Projekts.

8.3.2 Windows: GUI-Installation und erster Start

1. Öffnen Sie Ihren Browser und gehen Sie zu `https://www.torproject.org/download/`. Prüfen Sie die Prüfsummen/Signaturen, falls möglich.

2. Klicken Sie auf **Download für Windows**, speichern Sie die Datei und führen Sie das Installationsprogramm aus.

3. Folgen Sie dem Installationsassistenten, wählen Sie den Installationsort und klicken Sie anschließend auf **Fertigstellen**.

4. Starten Sie den Tor Browser über das Startmenü. Beim ersten Start zeigt der Tor Browser einen „Verbinden"-Bildschirm an (oder die Option **Konfigurieren**, wenn Sie sich hinter einem restriktiven Netzwerk befinden bzw. Bridges benötigen).

5. Klicken Sie auf **Verbinden**, um automatisch eine Verbindung zum Tor-Netzwerk herzustellen; oder auf **Konfigurieren**, um Bridges/Pluggable Transports einzurichten, falls Ihr Netzwerk Tor blockiert. (Siehe Abschnitt „Bridges" weiter unten.)

Hinweis für fortgeschrittene Nutzer (Windows WSL / Systemadministratoren): Der Tor Browser ist für die Nutzung über seine grafische Benutzeroberfläche (GUI) vorgesehen. Benötigen Sie einen systemweiten Tor-Daemon unter Windows für Anwendungen, die SOCKS-Proxys unterstützen, können Sie eine Windows-Version von `tor` (fortgeschritten) verwenden. Beachten Sie dabei die

Anweisungen des Tor-Projekts bezüglich Signaturen und sicherer Konfiguration. Zum Surfen im Web sollten Sie stets das Tor Browser-Bundle verwenden.

8.3.3 macOS

1. Besuchen Sie die Downloadseite des Tor-Projekts und laden Sie die macOS-Version herunter.

2. Öffnen Sie die heruntergeladene `.dmg`-Datei und ziehen Sie **Tor Browser.app** in den Ordner `/Applications`.

3. Öffnen Sie **Tor Browser.app** (möglicherweise müssen Sie die App beim ersten Start unter „Sicherheit & Datenschutz" zulassen). Verwenden Sie die oben beschriebenen Optionen **Verbinden / Konfigurieren**.

8.3.4 Linux (Ubuntu/Debian-Beispiel)

Option 1: GUI-Bundle (empfohlen): Laden Sie `tor-browser-linux64-*.tar.xz` vom Tor-Projekt herunter, entpacken Sie es und führen Sie `start-tor-browser.desktop` aus. Beispiel:

```
# Beispiel: Tor Browser im Benutzerverzeichnis
# entpacken und starten
tar -xvf tor-browser-linux64-*.tar.xz
cd tor-browser_en-US
./start-tor-browser.desktop
```

Option 2: `torbrowser-launcher` (Ubuntu): Ein Hilfsprogramm, das den Tor Browser für Sie herunterlädt und konfiguriert:

```
sudo apt update
sudo apt install torbrowser-launcher
```

Hinweis: `torbrowser-launcher` lädt das offizielle Tor-Browser-Paket herunter und überprüft die Signaturen. Prüfen Sie stets die Paketquelle und die Signatur vor der Installation.

8.3.5 Android

Der Tor Browser für Android ist eine offizielle App und im Google Play Store sowie als APK-Datei vom Tor-Projekt erhältlich. Installieren Sie ihn über den Play Store oder laden Sie die APK-Datei direkt von der Tor-Projekt-Website herunter.

8.3.6 iOS

Zum jetzigen Zeitpunkt gibt es keinen offiziellen Tor Browser für iOS. Das Tor-Projekt empfiehlt iOS-Apps wie **Onion Browser** und **Orbot** für den Tor-Zugriff auf iOS-Geräten. Da Apple für Browser unter iOS die Nutzung von WebKit vorschreibt, können iOS-Browser-Apps nicht dieselben Datenschutzfunktionen wie der Tor Browser auf Desktop-Computern bieten. Weitere Informationen finden Sie in den Richtlinien des Tor-Projekts für iOS.

8.4 Bridges und Pluggable Transports

Wenn ein Netzwerk (z. B. Internetanbieter oder nationale Firewall) den Zugriff auf das Tor-Netzwerk blockiert, können Sie **Bridges** und **Pluggable Transports** verwenden, um den Tor-Datenverkehr zu verschleiern und eine Verbindung herzustellen. Tor bietet mehrere Transportoptionen (obfs4 ist weit verbreitet). Die Verbindungseinstellungen des Tor Browsers enthalten einen Schalter **„Bridge verwenden"** sowie die Möglichkeit, Bridge-Zeilen manuell einzugeben.

8.4.1 Bridges: Schritt für Schritt (Tor Browser)

1. Öffnen Sie den Tor Browser → Klicken Sie im ersten Verbindungsdialog auf **Konfigurieren** (oder öffnen Sie Einstellungen → Tor → Verbindungseinstellungen).

2. Wählen Sie **Ja**, wenn Sie gefragt werden, ob Ihre Verbindung zensiert wird.

3. Wählen Sie **Bridge verwenden**. Wählen Sie aus den angebotenen Brückentypen:

   - **obfs4**: Der am weitesten verbreitete und empfohlene Pluggable Transport zur Umgehung von Zensur.

   - **meek**: Verschleiert den Datenverkehr in CDN-/HTTPS-Anfragen (nützlich, wenn obfs4 blockiert ist oder wenn ein Domain-Fronting-ähnliches Verhalten erforderlich ist).

4. Wählen Sie entweder **„Eine Bridge von torproject.org anfordern"** (Tor versucht dann, Bridges abzurufen) oder **eine Bridge-Zeichenfolge beziehen** von der Bridge-Anforderungsseite des Tor-Projekts, per E-Mail oder über die Bridge-Verteilungskanäle des Tor-Projekts, und fügen Sie die Bridge-Zeichenfolge in das dafür vorgesehene Feld ein.

5. Klicken Sie auf **Verbinden**. Falls diese Verbindung fehlschlägt, versuchen Sie eine andere Bridge-Zeile oder einen anderen Transport.

8.4.2   Fortgeschritten: Verwendung von obfs4proxy mit einem System-Tor

Nur für fortgeschrittene Nutzer: Wenn Sie `tor` als Systemdienst ausführen und obfs4 verwenden möchten, vergewissern Sie sich, dass `obfs4proxy` installiert ist, und fügen Sie die entsprechenden Zeilen in die `torrc`-Datei ein. Beispiel:

```
# Beispielhafte torrc-Einträge (System: /etc/tor/torrc)
ClientTransportPlugin obfs4 exec /usr/bin/obfs4proxy
Bridge obfs4 <bridge_address> <bridge_fingerprint> cert=<cert> iat-mode=0
UseBridges 1
```

Nach der Bearbeitung der `torrc` muss Tor neu geladen oder neu gestartet werden:

```
sudo systemctl restart tor
sudo journalctl -u tor -f
```

Hinweis: Verwenden Sie ausschließlich Bridges, die Sie über offizielle Vertriebskanäle beziehen.

8.5 Tor Browser absichern & Best Practices

- **Verwenden Sie zum Surfen immer das Tor Browser-Bundle und nicht reguläre Browser, die für die Nutzung von Tor konfiguriert sind:** Der Tor

Browser enthält mehrere Sicherheitspatches und Datenschutzfunktionen (resistent gegen Fingerprinting, isoliert Ressourcen von Erst- und Drittanbietern, beinhaltet HTTPS-First-Richtlinien usw.).

- **Plugins und externe Hilfsprogramme blockieren:** Installieren Sie keine Browser-Plugins (Flash, Java oder beliebige Erweiterungen) im Tor Browser; diese können Daten preisgeben oder Schutzmechanismen umgehen.

- **Skripte nur bei Bedarf deaktivieren:** Der Tor Browser bietet einen Sicherheits-Schieberegler. JavaScript erweitert zwar den Funktionsumfang, kann aber die Angriffsfläche für Fingerprinting vergrößern. Verwenden Sie den Schieberegler, um den Schutz zu erhöhen (JavaScript bei höchster Stufe deaktivieren).

- **Vorsicht beim Herunterladen:** Das Öffnen heruntergeladener Dateien (PDFs, Office-Dokumente) außerhalb des Tor Browsers kann externe Hilfsprogramme starten, die sich außerhalb des Tor-Netzwerks verbinden und Ihre echte IP preisgeben. Wenn Sie eine Datei öffnen müssen, tun Sie dies in einer isolierten Umgebung (z. B. temporäre VM oder Tails) und bevorzugen Sie „Im Browser anzeigen", wo möglich.

- **Verwenden Sie Bridges mit Pluggable Transports**, um lokale Zensur zu umgehen.

- **Halten Sie den Tor Browser auf dem neuesten Stand.** Das Tor-Projekt veröffentlicht regelmäßig Sicherheitsupdates und Fehlerbehebungen.

8.6 Tails: Live-Betriebssystem, das standardmäßig Tor enthält

Wenn Sie eine temporäre, datenschutzorientierte Umgebung benötigen, sollten Sie Tails – The Amnesic Incognito Live System – in Betracht ziehen. Diese Live-Linux-Distribution leitet den gesamten Netzwerkverkehr über Tor und speichert Daten nur dann dauerhaft, wenn dies explizit konfiguriert wird. Tails eignet sich besonders für risikoreiche Umgebungen und zum Öffnen sensibler Dateien in einer isolierten Sitzung. Download- und Installationsanweisungen finden Sie auf der Tails-Website (https://tails.net).

8.7 Fortgeschritten: Ausführen eines Onion-Dienstes (Hidden Service)

Fortgeschrittene Nutzer können einen Onion-Dienst (Hidden Service) betreiben. Onion-Dienste ermöglichen es, Dienste zu hosten, die nur innerhalb des Tor-Netzwerks erreichbar sind (Adressen, die auf `.onion` enden). Dieses Beispiel zeigt einen minimalen HTTP-Onion-Dienst unter Linux.

Beispiel: Was Sie hosten werden

- Eine kleine statische Website, bereitgestellt von `nginx` auf localhost Port `8080`.
- Ein Tor Hidden Service, der einen Onion-Hostnamen auf diesen lokalen Port abbildet.

Tor und nginx installieren (Debian/Ubuntu-Beispiel)

```
sudo apt update
sudo apt install tor nginx -y
```

Onion-Dienst konfigurieren (torrc bearbeiten)

Fügen Sie Folgendes zu `/etc/tor/torrc` hinzu:

```
HiddenServiceDir /var/lib/tor/hidden_service/
HiddenServiceVersion 3
HiddenServicePort 80 127.0.0.1:8080
```

- `HiddenServiceDir` wird von Tor erstellt und enthält die Datei `hostname` (Ihre `.onion`-Adresse) sowie die privaten Schlüssel.
- `HiddenServiceVersion 3` wählt moderne v3-Onion-Adressen aus (sicherer als v2). Verwenden Sie immer v3.

Tor neu starten:

```
sudo systemctl restart tor
sudo journalctl -u tor -f
```

nginx konfigurieren (Beispiel)

Erstellen Sie `/etc/nginx/sites-available/tor-site`:

```
server {
    listen 127.0.0.1:8080;
    server_name localhost;

    location / {
        root /var/www/tor-site;
        index index.html;
    }
}
```

nginx aktivieren und starten:

```
sudo mkdir -p /var/www/tor-site
echo "<h1>Hallo vom Tor Hidden Service</h1>" \
  | sudo tee /var/www/tor-site/index.html
```

```
sudo ln -s /etc/nginx/sites-available/tor-site \
  /etc/nginx/sites-enabled/
sudo systemctl restart nginx
```

Onion-Hostnamen abrufen

Nachdem Tor das Verzeichnis für den versteckten Dienst
erstellt hat, lesen Sie den Hostnamen aus:

```
sudo cat /var/lib/tor/hidden_service/hostname
# Gibt z. B. Folgendes aus: abcde.onion
```

Sie können die Website nun über die `.onion`-Adresse im Tor
Browser (Desktop oder Mobilgerät) erreichen. Die Adresse ist
nur über Tor auflösbar.

8.8 Fehlersuche & Diagnose

- **Tor Browser verbindet sich nicht?** Versuchen Sie
  Konfigurieren → Bridge verwenden und testen Sie
  obfs4. Prüfen Sie Ihr Netzwerk auf Firewall-Regeln, die
  Port 9001 oder 9030 (ORPort/DirPort) blockieren. Prüfen
  Sie die Tor-Logs (Tor-Netzwerkeinstellungen oder
  Browserkonsole).

- **Tor ist langsam?** Tor ist auf Anonymität, nicht auf
  Geschwindigkeit ausgelegt. Nutzen Sie das Netzwerk nur
  bei Bedarf; vermeiden Sie Streaming großer
  Mediendateien.

- **Mein Onion-Dienst lässt sich nicht auflösen?**
  Prüfen Sie, ob das Verzeichnis `HiddenServiceDir` existiert
  und Tor nach Änderungen neu gestartet wurde. Suchen
  Sie nach Fehlern in `/var/log/tor` oder mit `journalctl -
  u tor`.

8.9 Schlussbemerkungen

Tor ist ein leistungsstarkes Werkzeug, wenn es korrekt eingesetzt und mit sorgfältiger Betriebssicherheit kombiniert wird. Dieses Kapitel vermittelte Ihnen die konzeptionellen Grundlagen, praktische Installationsschritte für gängige Plattformen, Konfigurationsschritte für Bridges und Pluggable Transports, Empfehlungen zur Absicherung des Tor Browsers sowie eine grundlegende Einführung in Onion-Dienste.

Weitere Informationen und fortgeschrittene Themen (z. B. benutzerdefinierte Tor-Implementierungen, Integration von Tor mit anderen Datenschutztools oder Betrieb von Onion-Diensten in produktiven Umgebungen) finden Sie in der Dokumentation und den Community-Ressourcen auf der Website des Tor-Projekts (https://www.torproject.org).

9 Privat-Relay vs. VPN und Tor

In diesem Kapitel vergleichen wir Apples iCloud Privat-Relay mit VPN und Tor und untersuchen praktische Beispiele und Anwendungsszenarien.

9.1 Privat-Relay vs. VPN

Ein VPN verschlüsselt **den gesamten Netzwerkverkehr** und ändert Ihren scheinbaren Standort entsprechend der Auswahl auf dem VPN-Server. Privat-Relay hingegen deckt nur Safari ab. VPNs setzen Vertrauen in den Anbieter voraus (er sieht Ihren Datenverkehr und Ihre echte IP-Adresse). Privat-Relay teilt das Vertrauen (Apple kennt Ihre besuchte Website nicht, und der CDN-Partner kennt Sie nicht). Beide Dienste nutzen starke Verschlüsselung. VPNs können beliebige Ports (oft UDP) verwenden und funktionieren für alle Apps. Privat-Relay läuft über HTTPS (TCP 443) und ist nur für Safari verfügbar. Wenn Sie eine IP aus einem bestimmten Land benötigen oder alle Apps schützen wollen, ist ein VPN die bessere Wahl. Wenn Sie nur Safari-Datenschutz wünschen und Apples Implementierung vertrauen, ist Privat-Relay bequem und bereits integriert.

9.2 Privat-Relay vs. Tor

Tor leitet Ihren Datenverkehr über mindestens drei Knoten und verschleiert Ihre IP-Adresse sehr zuverlässig. Privat-Relay verwendet nur zwei Hops (Apple und ein Partner). Tor bietet **mehr Anonymität** (kein zentraler Anbieter, freiwilliges Netzwerk, auch Metadaten werden verborgen), ist aber oft langsamer. Verwenden Sie Tor Browser für robuste

Anonymität; Privat-Relay eignet sich für moderaten Datenschutz ohne Tor-Komplexität. Privat-Relay anonymisiert Sie nicht auf Websites im gleichen Maße wie Tor – es verbirgt lediglich Ihre exakte IP-Adresse.

9.3 Vergleichstabellen: Privat-Relay vs. VPN und Tor

9.3.1 Tabelle A: Vergleich von Funktionen und Benutzererfahrung

Funktion / Eigenschaft	Privat-Relay (iCloud+)	VPN (kommerziell oder selbst gehostet)
Abdeckung (welcher Datenverkehr)	Nur Safari (und teilweise System-DNS)	Gesamtes Gerät (alle Apps), wenn aktiviert
Benutzer-freundlichkeit	Sehr einfach (System-umschalter)	Einfach mit Apps; mittel bei manueller Einrichtung
Serverauswahl (Land auswählen)	Nein (nur auf Regionsebene)	Ja – viele Anbieter, Ausstiegsland wählbar
Vertrauensmodell	Split-Trust: Apple + Drittanbieter-Ausgang	Einzelanbieter (Sie müssen dem VPN-Anbieter vertrauen)

Funktion / Eigenschaft	Privat-Relay (iCloud+)	VPN (kommerziell oder selbst gehostet)
Protokollierungs-risiko	Reduziert durch Split-Relay; begrenzte Logs an jedem Hop	Abhängig vom Anbieter & Rechtsprechung (teilweise Protokollierung)
Leistung (Latenz & Geschwindigkeit)	Geringer Overhead (schnell für normales Surfen)	Variabel – WireGuard schnell, OpenVPN mittelmäßig
Kosten	In iCloud+-Abonnement enthalten	Kostenlos (selbst gehostet) bis zu Abonnement-gebühren
Umgeht Geoblocking	Eingeschränkt (keine Länderwahl)	Ja – vollständige Länder-/Server-auswahl
Funktioniert in öffentlichen WLANs	Ja für Safari	Ja für alle Apps
Schützt vor DNS-Protokollierung durch ISP	Ja für Safari-DNS	Ja (wenn VPN DNS-Anfragen weiterleitet)
Anwendungsfall-tauglichkeit	Datenschutz beim alltäglichen	Vollständiger Geräteschutz und regionaler Zugriff

Funktion / Eigenschaft	Privat-Relay (iCloud+)	VPN (kommerziell oder selbst gehostet)
	Surfen auf Apple-Geräten	

Funktion / Eigenschaft	Tor (Tor Browser / Tor-Netzwerk)
Abdeckung (welcher Datenverkehr)	Tor Browser-Apps (nur Datenverkehr über Tor Browser / konfigurierte Apps)
Benutzer-freundlichkeit	Mittel bis komplex (am einfachsten mit dem Tor Browser)
Serverauswahl (Land auswählen)	Keine Kontrolle über spezifische Exit-Knoten; Ausstiegspräferenzen mit Risiko möglich
Vertrauensmodell	Dezentrale, freiwillig betriebene Relays (kein einzelner vertrauenswürdiger Betreiber)
Protokollierungs-risiko	Gering bei Nutzung des offiziellen Tor-Netzwerks (Exit-Nodes sehen Zielverkehr)
Leistung (Latenz & Geschwindigkeit)	Am langsamsten (mehrere Hops, freiwillige Relays)
Kosten	Kostenlos (Tor-Netzwerk)
Umgeht Geoblocking	Manchmal; Exit-Node-Geolocation kann helfen, aber für Streaming unzuverlässig

Funktion / Eigenschaft	Tor (Tor Browser / Tor-Netzwerk)
Funktioniert in öffentlichen WLANs	Ja, aber langsam und einige Netzwerke blockieren Tor
Schützt vor DNS-Protokollierung durch ISP	Ja (Auflösung erfolgt über das Tor-Netzwerk)
Anwendungsfall-tauglichkeit	Hohe Anonymität, Zensurumgehung (mit Geschwindigkeits-einbußen)

9.3.2 Tabelle B: Vergleich von Datenschutz- und Bedrohungsmodellen

Bedrohung / Ziel	Privat-Relay	VPN
Browsing vor lokalem Netzwerk/ISP verbergen (Safari)	Ja (dafür konzipiert)	Ja (wenn der gesamte Datenverkehr über VPN läuft)
Zentraler Anbieter soll nicht sowohl Absender als auch Ziel sehen	Ja (Split-Relay)	Nein (Anbieter sieht sowohl Absender als auch Ziel)
Schutz vor starken globalen Gegnern (z. B. Nationalstaaten)	Eingeschränkt – schützt vor Gelegenheits-beobachtern, aber keine	Abhängig – VPN-Anbieter könnten verpflichtet werden; Selbsthosting reduziert einige Risiken

Bedrohung / Ziel	Privat-Relay	VPN
	Garantie gegen mächtige Gegner oder solche, die beide Relays kontrollieren	
Schutz aller Apps & Datenleckstellen	Nein – nur Safari	Ja, wenn VPN für das gesamte Gerät aktiviert
Schutz vor Fingerprinting oder Tracking durch Login	Eingeschränkt (hilft, die IP zu verbergen)	Eingeschränkt (IP-Verbergen hilft; Cookies/Fingerprinting bleiben)
Garantie ohne Logs	Teilweise – Split-Relays begrenzen die jeweils gespeicherte Datenmenge; abhängig vom Betreiber	Variabel – abhängig von Richtlinien & Prüfungen des Anbieters

Bedrohung / Ziel	Tor
Browsing vor lokalem Netzwerk/ISP verbergen (Safari)	Ja (Tor-Zirkel verbergen den Ursprung)
Zentraler Anbieter soll nicht sowohl Absender	Ja (verteilte Relays; keine einzelne Partei sieht beide

Bedrohung / Ziel	Tor
als auch Ziel sehen	Enden)
Schutz vor starken globalen Gegnern (z. B. Nationalstaaten)	Besser – Tor-Dezentral-isierung verringert das Risiko eines Single-Point-Kompromisses; Korrelations-angriffe bleiben jedoch möglich
Schutz aller Apps & Datenleckstellen	Nur Tor Browser oder konfigurierte Apps
Schutz vor Fingerprinting oder Tracking durch Login	Besser in Kombination mit den Anti-Fingerprinting-Maßnahmen des Tor Browsers
Garantie ohne Logs	Hoch – keine zentralen Logs (aber Exit-Nodes können unverschlüsselte Inhalte sehen)

9.4 Praktische Beispiele und Szenarien

Szenario 1: Normaler Nutzer im öffentlichen WLAN

- Ziel: Verhindern, dass der WLAN-Betreiber des Cafés oder ein Hotspot-Spion die genauen Webseiten sieht, die in Safari besucht werden.

- Empfehlung: Aktivieren Sie iCloud Privat-Relay (einfach, automatisch). Wenn Sie alle Apps schützen möchten, verwenden Sie stattdessen ein seriöses oder selbst gehostetes VPN.

Szenario 2: Zugriff auf regional gesperrte Streaming-Inhalte erforderlich

- Ziel: Einem Dienst vorgaukeln, dass Sie sich in einem anderen Land befinden.

- Empfehlung: Verwenden Sie ein VPN mit einem Server im Zielland (Privat-Relay kann keine Länderauswahl über die begrenzten Regionsoptionen hinaus anbieten).

Szenario 3: Journalisten/Aktivisten, die auf hohe Anonymität angewiesen sind

- Ziel: Hohe Anonymität und Widerstandsfähigkeit gegenüber mächtigen Gegnern.

- Empfehlung: Verwenden Sie den Tor Browser und befolgen Sie die erweiterten Sicherheitshinweise von Tor (vermeiden Sie das Einloggen in persönliche Konten, vermeiden Sie Plugins, die die Anonymisierung aufheben usw.).

Zusammenfassend lässt sich sagen, dass Sie das richtige Werkzeug für Ihre Ziele auswählen sollten:

- Für den täglichen Schutz der Privatsphäre in Safari auf Apple-Geräten: Privat-Relay ist eine ausgezeichnete Option.

- Für vollständige Geräteabdeckung (alle Apps), geografische Serverauswahl oder Streaming-Anforderungen: Verwenden Sie ein VPN.

- Für robuste Anonymität und Zensurumgehung: Nutzen Sie Tor (mit sorgfältiger operativer Sicherheitsvorkehrung).

10 Künstliche Intelligenz (KI) und Datenschutz

Mit der zunehmenden Verbreitung von Funktionen künstlicher Intelligenz (KI) muss auch der Datenschutz in diesem Zusammenhang berücksichtigt werden. Viele moderne Apps integrieren KI (Sprachassistenten, generative KI, geräteinterne Intelligenz). In diesem Kapitel behandeln wir wichtige Prinzipien und Beispiele.

10.1 Gerätebasierte KI vs. Cloud-KI

Ein entscheidender Unterschied liegt darin, ob die KI-Verarbeitung *auf dem Gerät* oder in der Cloud stattfindet. **Geräteinterne KI** bedeutet, dass Ihre Daten das Gerät nicht verlassen: Nur Ergebnisse (oder sehr wenige Daten) werden weitergeleitet. Apple befürwortet diesen Ansatz: Die Apple Intelligence (Siri, Bilderkennung usw.) läuft standardmäßig auf dem Gerät. Für komplexe Aufgaben nutzt Apple „Private Cloud Compute", das nur die minimal benötigten Daten sendet und angeblich keine persönlichen Informationen speichert.

Samsung verfolgt mit seiner Galaxy AI (auf neueren Galaxy-Smartphones) einen ähnlichen Ansatz. Das Unternehmen bewirbt geräteinterne Tools wie Live Translate, Audio Eraser usw., die Eingaben „auf das Smartphone beschränken". Auch cloudbasierte Funktionen speichern laut Samsung keine Daten langfristig und verwenden sie nicht für das KI-Training: „Persönliche Daten werden niemals langfristig gespeichert oder für das KI-Training verwendet." Nutzer können die Online-Verarbeitung bei Bedarf deaktivieren. Google kündigte 2023 ebenfalls die geräteinterne Transkription auf Pixel-Smartphones an.

Zusammenfassend lässt sich sagen, dass neuere Geräte verstärkt auf lokale KI-Verarbeitung setzen oder zumindest die Menge der in die Cloud übertragenen Daten minimieren. Als Nutzer können wir aus Gründen der Privatsphäre geräteinterne KI-Funktionen gegenüber Cloud-KI bevorzugen.

10.2 Generative KI-Tools

Bei der Verwendung von generativen KI-Tools wie ChatGPT und Bard ist Vorsicht geboten:

- **Datenspeicherung:** Viele Chatbot-Dienste protokollieren Ihre Eingaben und Antworten zu Qualitäts- und Trainingszwecken, sofern Sie dem nicht widersprechen. OpenAI gibt beispielsweise an, dass Nutzer der Verwendung ihrer Daten für Trainingszwecke widersprechen und Konversationen vollständig löschen können. Überprüfen Sie daher immer die „Datenkontrollen" in der App (z. B. in den Einstellungen von ChatGPT).

- **Privatmodus:** Einige Apps oder Erweiterungen bieten einen „Inkognitomodus". Beispielsweise läuft der DuckDuckGo-Chat Duck.ai im Hintergrund und protokolliert keine Anfragen zu Trainingszwecken; Unterhaltungen werden ausschließlich auf Ihrem Gerät gespeichert. DuckDuckGo hebt optional nutzbare, datenschutzfreundliche KI hervor: „KI-Funktionen sind optional und können deaktiviert werden." Wenn Ihnen Datenschutz besonders wichtig ist, nutzen Sie solche Tools oder anonyme Proxy-Chats wie Duck.ai.

- **Lokale LLMs:** Neuere KI-Modelle wie OpenAIs GPT-4o und Metas Llama können in einer ressourcenschonenden Variante direkt auf dem Gerät ausgeführt werden. Diese Bereiche entwickeln sich rasant weiter. Der Vorteil: Ihre Daten verlassen das Gerät nicht.

- **Allgemeiner Hinweis:** Geben Sie keine sensiblen Informationen in KI-Chats ein. Verwenden Sie stets HTTPS und – falls verfügbar – Browser-Isolation. Einige Dienste (wie Google Workspace) garantieren, dass Unternehmensdaten nicht zum Trainieren von Modellen verwendet werden, was in bestimmten Szenarien hilfreich sein kann.

10.3 KI in smarten Geräten und Sprachassistenten

Intelligente Geräte und Sprachassistenten (z. B. Alexa, Google Assistant, Siri) werfen einige Datenschutzbedenken auf:

- **Aktivierungswort-Puffer:** Manche Sprachassistenten zeichnen kontinuierlich auf und senden Daten erst nach Erkennung des Aktivierungsworts; andere puffern Audiodaten nur vorübergehend. Es ist wichtig zu wissen, wie lange diese Daten gespeichert werden.

- **Aufnahmen überprüfen:** Als Datenschutzmaßnahme können Sie Sprachaufnahmen in Ihrem Konto (Amazon, Google, Apple) meist einsehen und löschen.

- **Geräteintern vs. Cloud:** Verbesserungen bei Siri und Google haben dazu geführt, dass mehr Spracherkennung direkt auf dem Gerät erfolgt, wodurch weniger Audiodaten übertragen werden. Prüfen Sie, ob Ihr Gerät eine Einstellung für „geräteinterne Spracherkennung" bietet (z. B. arbeitet der Google Pixel Recorder standardmäßig geräteintern).

- **Alexa und Ring:** Wenn Sie Amazon-Geräte nutzen, denken Sie daran, dass Alexa Sprachprotokolle speichern kann. Löschen Sie Ihren Sprachverlauf daher regelmäßig.

- **Privatsphäre-Modi:** Viele Sprachassistenten bieten die Möglichkeit, das dauerhafte Zuhören zu deaktivieren (z. B. über eine Mikrofon-Aus-Taste oder den Sprachbefehl „Alexa, Mikrofon ausschalten").

Zusammenfassend sollten KI-Assistenten wie jedes andere ständig aktive Gerät behandelt werden: Minimieren Sie Risiken, indem Sie sie deaktivieren, wenn sie nicht benötigt werden, und nutzen Sie nach Möglichkeit sichere (geräteinterne) Funktionen.

11 Blick in die Zukunft: KI-gestützter Datenschutz – Intelligente Abwehrmechanismen

Mit Blick auf die Zukunft kann künstliche Intelligenz (KI) Ihre Online-Privatsphäre deutlich verbessern – insbesondere in Kombination mit Technologien wie virtuellen privaten Netzwerken (VPNs). KI kann Ihre Online-Privatsphäre verbessern, indem sie VPNs intelligenter, anpassungsfähiger und proaktiver macht. Sie schützt nicht nur Ihre IP-Adresse, sondern analysiert aktiv Bedrohungen, passt Schutzmaßnahmen an und unterstützt Sie dabei, fundierte Entscheidungen zu Ihrer digitalen Sicherheit zu treffen.

Nachfolgend finden Sie mehrere zentrale Mechanismen, durch die KI mit VPNs und anderen Tools zusammenarbeiten kann, um den Datenschutz zu erhöhen.

11.1 Intelligente Serverauswahl und Verkehrsoptimierung

Herkömmliche VPNs leiten Ihren Datenverkehr über einen festen Server oder einen manuell ausgewählten Serverstandort. Künstliche Intelligenz geht noch einen Schritt weiter, indem sie:

- **Latenz und Auslastung in Echtzeit analysiert:** Ein KI-Modell überwacht Serverantwortzeiten, aktuelle Bandbreitennutzung und Paketverluststatistiken an Hunderten von Endpunkten. Beim Verbindungsaufbau

wählt das System den „optimalen" Server aus, der sowohl
starke Verschlüsselung als auch minimale
Leistungseinbußen bietet.

- **Dynamischen Lastausgleich ermöglicht:** Wenn ein
  ausgewählter VPN-Ausgangsknoten überlastet ist oder
  ungewöhnliche Verkehrsspitzen aufweist, kann die KI
  Ihre Verbindung sofort und unbemerkt auf einen
  leistungsfähigeren Knoten umschalten – und so
  Geschwindigkeit und Datenschutz gewährleisten.

Warum das wichtig ist:
Schnellere und zuverlässigere Verbindungen verringern die
Versuchung, das VPN zu deaktivieren. Die kontinuierlichen
Anpassungen der KI verhindern, dass Sie ständig zu anderen
Servern wechseln („VPN-Ping-Pong") oder die
Verschlüsselung vollständig deaktivieren – beides gängige
Verhaltensweisen, die die Privatsphäre gefährden.

11.2 Echtzeit-Anomalie- und Bedrohungserkennung

Selbst bei verschlüsseltem Datenverkehr können Endpunkte
oder DNS-Anfragen Informationen preisgeben. KI verbessert
die Erkennung verdächtiger Aktivitäten durch:

- **Profilbasierte Verkehrsanalyse:** Modelle des
  maschinellen Lernens „lernen" Ihre typischen
  Nutzungsmuster – zu welchen Tageszeiten Sie streamen,
  welche Websites Sie besuchen, welche Protokolle Sie
  verwenden (z. B. HTTPS vs. unverschlüsseltes HTTP).
  Tritt plötzlich ein unerklärliches DNS-Abfragemuster oder
  ein auffälliges IP-Paketsignal auf, schlägt die KI Alarm.

- **Automatische Sperrlisten und Reputationssysteme:** KI-Systeme verarbeiten kontinuierlich Bedrohungsinformationen (schädliche IP-Adressen, Phishing-Domains, bekannte Malware-C&C-Server). Sie gleichen Ihre ausgehenden Anfragen in Echtzeit damit ab. Wenn Ihr Gerät versucht, eine Domain auf einer Sperrliste zu kontaktieren, kann der VPN-Client die DNS-Anfrage automatisch blockieren oder umleiten.

Warum das wichtig ist:
Viele Datenschutzverletzungen entstehen nicht durch Ihren Standort, sondern durch „unsichtbare" Verbindungen, die Browser oder Apps im Hintergrund herstellen. KI erkennt solche „rauschenden" Signale deutlich schneller als eine statische, regelbasierte Firewall und verhindert so, dass Datenlecks oder Tracking-Cookies unbemerkt durchdringen.

11.3 Adaptive Verschlüsselungsstärke

Die meisten VPNs verwenden standardmäßig einen einzigen Verschlüsselungsalgorithmus (z. B. AES-256). KI ermöglicht eine **kontextabhängige Verschlüsselung**, indem sie:

- **Die Netzwerkumgebung bewertet** (öffentliches WLAN vs. Heimnetzwerk vs. Unternehmensnetzwerk).

- **Die Bedrohungslage in Echtzeit beurteilt** (z. B., wenn der Nutzer auf Finanzseiten oder sensible Plattformen zugreift).

- **Die Chiffriersuite dynamisch anpasst:**

  - In einem Café-WLAN könnte die KI AES-256 mit SHA-512-Hashing und einem neuen, temporären Sitzungsschlüssel erzwingen.

- Im Heimnetzwerk – wo der Router bekannt ist und die Hardware-Sicherheit hoch ist – könnte die KI AES-128 zulassen, um CPU-Auslastung zu reduzieren und den Akku auf Mobilgeräten zu schonen.

Warum das wichtig ist:
Sie erhalten maximale Privatsphäre, wenn sie am wichtigsten ist, und gleichzeitig angemessene Leistung bei geringerem Risiko. Statische VPN-Clients können solche Abwägungen nicht in Echtzeit treffen: Entweder läuft ständig maximale Verschlüsselung (mit entsprechendem Akku- und CPU-Verbrauch) – oder eine schwächere Verschlüsselung reduziert die Sicherheit zugunsten der Ressourcen.

11.4 Automatischer „Kill Switch" und Verbindungsreparatur

Ein „Kill Switch" stoppt den gesamten Internetverkehr, falls Ihr VPN-Tunnel unerwartet zusammenbricht – und verhindert so ein unverschlüsseltes Datenleck. KI verbessert dies durch:

- **Vorhersage von Verbindungsabbrüchen:** Durch die Überwachung von Signalqualität, Jitter und Paketverlusttrends kann ein KI-Modell häufig einen drohenden Abbruch erkennen (z. B. wenn Sie die WLAN-Reichweite verlassen). Der Client kann dann proaktiv auf das nächstbeste Netzwerk (Mobilfunk, ein anderes WLAN) umschalten, ohne Ihre echte IP-Adresse offenzulegen.

- **Sofortige Wiederherstellung:** Sollte es dennoch zu einem Abbruch kommen, orchestriert die KI eine kleine „Neuverhandlung" der Verschlüsselungsparameter und öffnet schnell wieder einen sicheren Tunnel – oft schneller, als ein Mensch es bemerken würde.

Warum das wichtig ist:
Schon wenige Sekunden Ausfallzeit können Ihre tatsächliche IP-Adresse oder DNS-Anfragen preisgeben. Die proaktive Überwachung durch KI stellt sicher, dass Sie zu 100 % der Zeit hinter einem verschlüsselten Tunnel bleiben.

11.5 Personalisierte Datenschutzeinstellungen

KI kann Ihre Gewohnheiten erlernen – welche Websites Sie besuchen, welche Anwendungen Sie nutzen, zu welchen Tageszeiten Sie arbeiten usw. – und dann:

- **VPN für bestimmte Apps oder Domains automatisch aktivieren/deaktivieren.**

  - Öffnen Sie Ihre Banking-App, wird das VPN erzwungen aktiviert.

  - Beim Streamen geografisch beschränkter Inhalte wählt die KI automatisch einen Server im passenden Land.

- **Adaptive Werbe- und Tracker-Blockierung**

  - Wenn Sie häufig Nachrichtenseiten besuchen, die zahlreiche Drittanbieter-Tracker enthalten, kann die KI Domain-Anfragen mit einer kuratierten Datenschutzliste abgleichen und Tracker selektiv auf DNS- oder HTTP-Ebene blockieren.

- **Vorschläge zur Verbesserung Ihres „Privacy Scores"**

    o Sie könnten beispielsweise wöchentlich einen „Datenschutzbericht" erhalten, etwa: „Sie haben diese Woche 7 neue Drittanbieter-Tracker aufgerufen – erwägen Sie, die Option ‚aggressive Tracker-Blockierung' zu aktivieren, wenn Sie diese Domains besuchen."

Warum das wichtig ist:
Anstatt dutzende Schalter und Einstellungen manuell zu verwalten, übernimmt KI die Komplexität. Sie wählen lediglich ein grobes Datenschutzniveau (z. B. „Arbeit", „Streaming", „Finanzen"), und das System konfiguriert sich automatisch.

11.6 Durch maschinelles Lernen verbesserter DNS-Datenschutz

Selbst mit einem VPN können DNS-Leaks offenlegen, welche Websites Sie besuchen. KI verbessert den DNS-Datenschutz durch:

- **Verschlüsseltes Routing von DNS-Anfragen** (DNS über HTTPS/TLS), wobei die KI dynamisch den schnellsten und sichersten Resolver auswählt.

- **Vorausschauendes Vorabrufen:** Durch die Beobachtung Ihres Verhaltens – „Sie rufen jeden Morgen um 8 Uhr example-bank.com auf" – kann die KI DNS-Einträge im Voraus über einen verschlüsselten Kanal abrufen. So wird die Latenz reduziert, ohne das tatsächliche Surfverhalten zu beeinflussen.

- **Intelligenten Fallback:** Fällt der primäre verschlüsselte Resolver aus, wechselt die KI sofort zu einem sekundären verschlüsselten Resolver (z. B. von Cloudflares 1.1.1.1 zu Googles 8.8.8.8 über DoT), ohne auf eine unverschlüsselte Abfrage „fail open" zurückzufallen.

Warum das wichtig ist:
Verschlüsseltes DNS verbirgt nicht nur, **welche** Domains Sie abfragen, sondern verhindert auch, dass DNS-Anfragen protokolliert oder verkauft werden. Die kontinuierliche Überwachung des Resolver-Status durch KI reduziert die Wahrscheinlichkeit, dass Sie unbeabsichtigt auf eine unverschlüsselte Abfrage zurückfallen.

11.7 Bedrohungsanalysen und KI-gestützte Sperrlisten

VPN-Anbieter abonnieren zunehmend globale Bedrohungsdaten-Feeds – ständig aktualisierte Listen von:

- Schadhaften IP-Bereichen (Botnetze, Spam-Verteiler)
- Neu registrierten Phishing- oder Malware-Domains
- Bekannten „Fingerprinting"- oder „Tracking"-Servern

Die KI verarbeitet diese Datenströme in Echtzeit, korreliert sie mit lokalen Telemetriedaten (fehlgeschlagene Verbindungsversuche, ungewöhnlich wirkende SSL-Zertifikate) und blockiert oder isoliert verdächtige Endpunkte:

- **Lokales DNS-Sinkhole**: Wenn eine App versucht, eine Verbindung zu einer bekannten Tracking-Domain herzustellen, kann die KI die DNS-Anfrage auf `0.0.0.0` umschreiben und sie damit effektiv ins Leere leiten.

- **Proaktive Warnung**: Wenn Sie versuchen, eine in der Phishing-Datenbank gelistete Website zu besuchen, könnte die KI vor dem Laden mit einem Dialogfeld „Warnung: Verdächtige Website – fortfahren?" reagieren.

Warum das wichtig ist:
Statische Sperrlisten sind innerhalb weniger Tage veraltet. KI kuratiert, bereinigt und priorisiert kontinuierlich die Einträge, die für Sie relevant sind – so werden Fehlalarme reduziert und gleichzeitig sichergestellt, dass wirklich schädliche Domains nicht durchrutschen.

11.8 Verhaltensbasierte Fingerabdruckhärtung

Selbst hinter einem VPN können Websites einen Browser-„Fingerabdruck" (Bildschirmgröße, Betriebssystemversion, installierte Schriftarten usw.) erstellen, um Sie zu verfolgen. KI kann hier unterstützen durch:

- **Erkennung von Fingerprinting-Skripten**: Modelle des maschinellen Lernens scannen den JavaScript-Code einer Website in Echtzeit. Wenn Codemuster erkannt werden, die für Canvas-Fingerprinting oder Schriftartenaufzählung typisch sind, werden diese Skripte blockiert oder in einer Sandbox ausgeführt.

- **Rauschinjektion**: Wenn Blockieren nicht möglich ist, fügt die KI subtile, zufällige „Störungen" in den Fingerabdruck ein. Beispielsweise kann sie Ihre gemeldete Zeitzone leicht variieren oder die Canvas-Ausgabe randomisieren – ausreichend, um die Konsistenz des Fingerabdrucks zu brechen, ohne die Funktionalität der Website zu beeinträchtigen.

Warum das wichtig ist:
Ein VPN verbirgt Ihre IP-Adresse, doch Fingerprinting kann verschiedene Sitzungen trotzdem miteinander verknüpfen. Die Echtzeit-Erkennung und -Unterbindung solcher Fingerabdrucksammler durch KI schließt diese Lücke wirksam.

11.9 Kontinuierliche Datenschutzprüfungen und Berichte

Schließlich kann KI im Hintergrund fortlaufende „Datenschutzprüfungen" durchführen:

- **Berichte zur Erkennung von Lecks**: Wöchentlich prüft ein KI-Skript, ob Ihre IP-Adresse oder Ihr DNS jemals „durchgesickert" ist, indem es Protokolle externer Prüfdienste vergleicht.

- **Nutzungszusammenfassungen**: „Sie haben diese Woche 5 Stunden Video gestreamt. Wir haben 12 verschiedene Tracker auf der Streaming-Seite festgestellt – möchten Sie beim nächsten Mal eine aggressivere Tracker-Blockierung aktivieren?"

- **Datenschutzscore**: Auf Basis Ihres Verhaltens (z. B. wie oft Sie Netzwerke wechseln, wie viele Drittanbieter-Tracker Sie antreffen, wie häufig Ihre VPN-Verbindung unerwartet getrennt wurde) weist die KI Ihnen einen Datenschutzscore von 0 bis 100 zu. Im Laufe der Zeit empfiehlt sie konkrete Verbesserungen (z. B. „Stellen Sie auf Mobilgeräten Ihr VPN auf ‚Always-on' um" oder „Wechseln Sie zu einem KI-gestützten DNS-Dienst mit Malware-Filterung").

Warum das wichtig ist:
Die meisten Menschen bemerken subtile Lecks persönlicher Daten nicht. Die kontinuierliche Analyse durch KI und die leicht verständlichen Berichte klären Nutzer auf und motivieren zu besseren Gewohnheiten – für eine dauerhaft stärkere Privatsphäre.

11.10 Schlussbemerkungen

Mit Blick auf die Zukunft: Durch die Kombination der Kernstärken eines VPNs (IP-Maskierung, verschlüsselte Tunnel) mit der adaptiven Echtzeit-Intelligenz von KI entsteht eine Datenschutzlösung, die:

- **Neuen Bedrohungen immer einen Schritt voraus bleibt** (Zero-Day-Phishing-Domains, neuartige Fingerprinting-Techniken).

- **Leistung und Sicherheit optimal ausbalanciert** (stärkere Verschlüsselung nur bei Bedarf).

- **Den manuellen Konfigurationsaufwand reduziert** (personalisierte, automatisierte Voreinstellungen).

- **Versteckte Tracker blockiert** (adaptive DNS-Blockierung, Skripterkennung).

- **Kontinuierlichen Schutz gewährleistet** (intelligente Kill-Switches, automatisches Server-Failover).

Im Wesentlichen könnte KI ein VPN oder eine ähnliche Technologie von einem statischen „Tunnel" in einen proaktiven, sich selbst optimierenden Datenschutzwächter verwandeln – einen, der aus Ihren Gewohnheiten lernt, auf neue Bedrohungen reagiert und sich ohne ständiges

Eingreifen des Nutzers anpasst. Das Ergebnis ist ein nahtloses, vertrauenswürdiges Datenschutzerlebnis, das weitaus robuster ist, als es ein VPN oder KI allein bieten könnten.

Fazit: Ihre Datenschutzwerkzeuge im Zeitalter der KI

In diesem Buch haben wir die **Bandbreite moderner Datenschutzwerkzeuge** beleuchtet:

- **Verschlüsselung (VPN, Tor, verschlüsseltes DNS)**, um Ihren Datenverkehr zu schützen und Ihre Identität zu verbergen.

- **Anonymisierung (Tor, iCloud Privat-Relay)**, um zu verhindern, dass Ihre Aktivitäten mit Ihnen verknüpft werden.

- **Lokale Steuerungsmöglichkeiten (Browser- und Betriebssystemeinstellungen)**, um die Datenerfassung auf Ihrem Gerät zu begrenzen.

- **Dienstentscheidungen (DNS-Anbieter, Suchmaschinen, KI-Tools)**, die Datenschutz durch Richtlinien oder Design gewährleisten.

- **KI-gestützten Datenschutz mit intelligenten Abwehrmechanismen**, für ein nahtloses, robustes und vertrauenswürdiges Datenschutzerlebnis.

Es gibt keine einzelne Lösung, die Datenschutz „komplett löst", aber durch das Schichten mehrerer Werkzeuge können Sie sich in vielen Szenarien effektiv schützen. Ein typischer Ansatz: Verwenden Sie ein VPN oder Privat-Relay für IP-Anonymität; aktivieren Sie verschlüsseltes DNS oder DNSCrypt, um Anfragen zu verbergen; nutzen Sie einen gehärteten Browser (Firefox mit uBlock Origin oder

Containern, oder Safari mit Intelligent Tracking Prevention (ITP)); und beschränken Sie App-Berechtigungen auf Betriebssystemebene. Damit decken Sie Netzwerk-, Anwendungs- und Betriebssystemebenen ab. Kombiniert mit KI-gestütztem Datenschutz entsteht ein nahtloses, hochwirksames Schutzsystem.

Mit dem technologischen Fortschritt (5G, IoT, neue KI-Funktionen) verändert sich auch die Datenschutzlandschaft. Bleiben Sie informiert: Neue Betriebssystemversionen und Geräte bringen häufig zusätzliche Datenschutzfunktionen mit (z. B. Android Privacy Sandbox, iOS Lockdown-Modus). Die Grundsätze bleiben jedoch gleich: **Minimieren Sie geteilte Daten** und **verschlüsseln Sie, was Sie können**.

Denken Sie daran: Datenschutz ist ein kontinuierlicher Prozess, keine einmalige Einrichtung. Überprüfen Sie Ihre Werkzeuge regelmäßig, aktualisieren Sie Software und reagieren Sie auf neue Bedrohungen (z. B. wenn Apple die Funktionsweise von Privat-Relay ändert oder ein neues Browser-Tracking-Verfahren auftaucht). Ihre Mühe zahlt sich aus und hält Ihr digitales Leben sicher und privat.

Bleiben Sie sicher, bleiben Sie privat und behalten Sie die Kontrolle über Ihre Online-Welt.

Über den Autor

Lin Song, PhD, ist Software-Ingenieur und Open-Source-Entwickler. Er erstellt und pflegt seit 2014 die Projekte „Setup IPsec VPN" auf GitHub, mit denen Sie in nur wenigen Minuten Ihren eigenen VPN-Server erstellen können. Die Projekte haben über 20.000 GitHub-Sterne und über 30 Millionen Docker-Pulls und haben Millionen von Benutzern dabei geholfen, ihre eigenen VPN-Server einzurichten.

Verbinden Sie sich mit Lin Song
Amazon: https://amazon.com/author/linsong
GitHub: https://github.com/hwdsl2
LinkedIn: https://www.linkedin.com/in/linsongui

Danke fürs Lesen! Ich hoffe, Sie ziehen das Beste aus der Lektüre dieses Buches. Wenn dieses Buch für Sie hilfreich war, wäre ich sehr dankbar, wenn Sie eine Bewertung hinterlassen oder eine kurze Rezension schreiben würden.

Danke
Lin Song
Autor

www.ingramcontent.com/pod-product-compliance
Lightning Source LLC
Chambersburg PA
CBHW061536050726
47593CB00002B/808